AF439122

# Laissons Faire
## revue mensuelle de l'Institut Coppet

Rédacteur en chef : Benoît Malbranque

# *Laissons Faire*

Publication mensuelle de l'Institut Coppet

www.institutcoppet.org

46<sup>ème</sup> Numéro ~ Juin 2022

Sommaire :

# Essai de datation du *Dictionnaire de l'Économie politique* (1851-1853)

Le *Dictionnaire de l'Économie politique,* conduit sous la direction de Charles Coquelin (mort en août 1852) et de Gilbert Guillaumin, a vu coopérer la plupart des grands noms du libéralisme économique français. Publié plus tard en deux forts volumes (respectivement en septembre 1852 et octobre 1853), il a toutefois d'abord vu le jour par livraisons successives, à partir d'août 1851. Une datation la plus précise possible des différentes couches d'articles peut avoir son utilité pour replacer ces productions pour certaines célèbres dans le contexte parfois agité qui les a vu naître. C'est ce qui est tenté ici, à partir des annonces retrouvées dans la presse périodique.

**Août 1851.** — Les deux premières livraisons viennent de paraître (*Le Moniteur industriel*, 28 août 1851 ; *La Patrie*, 29 août 1851.).

**Septembre 1851.** — En Belgique, une édition « à bon marché » (lisez : contrefaite) au prix « environ 30% inférieur à l'édition française », est publiée chez Meline, Cans et Cie, éditeurs, 35, boulevard Waterloo, Bruxelles. Les contrefacteurs, d'évidence, ne chôment pas. La première annonce date du 3 septembre 1851, quelques jours à peine après la parution initiale à Paris : on y fait état, déjà, d'une édition « sous presse, pour paraître très incessamment ». (*L'Indépendance Belge*, 3 septembre 1851.) Une livraison, qui représente trois feuilles d'impressions ou 48 pages, paraîtra chaque mois au prix de 90 centimes. (Idem). C'est la séduction courante mais grossière aux amateurs de nouveautés. Le 18 septembre 1851, la première livraison est encore annoncée comme étant sous presse et allant paraître « très incessamment » (*L'Indépendance Belge*, 18 septembre 1851). On y annonce alors une livraison chaque mois. Un mois plus tard cependant, le rythme de publication s'est accéléré, car un autre encart annonce le 30 octobre 1851 que les trois premières livraisons ont paru. (*L'Indépendance Belge*, 30 octobre 1851)

**Octobre 1851.** — Les cinq premières livraisons ont paru. (*Le Constitutionnel*, 27 octobre 1851.) — Un encart publicitaire dans le *Messager de l'Assemblée* (31 octobre 1851), annonce que les cinq premières livraisons sont en vente, formant la première partie du tome 1 (AB-CAB). Il y aura, dit-on, 7 ou 8 parties ou 35 à 40 livraisons. Le prix de chaque livraison est de 1 fr. 25 ; chaque partie coûte 6 fr. 50.

**Novembre 1851**. — À la fin du mois de novembre, la 6e livraison (CAB-CAP) paraît à son tour. (*Moniteur universel*, 23 novembre 1851.)

**Février 1852.** — Quatre nouvelles livraisons (septième à dixième, CE-CO) viennent de paraître (*La Presse*, 14 février 1852). Un encart publicitaire en fait spécifiquement l'annonce dans le *Siècle* du 24 février 1852.

**Mars ou avril 1852**. — Parution des livraisons 11 et 12, allant jusqu'à l'article *Domaine public*.

**Mai 1852**. — Deux nouvelles livraisons (13 et 14, DO-EC) viennent de paraître (*La Presse*, 2 mai 1852). Un encart publicitaire en fait spécifiquement l'annonce dans l'*Assemblée nationale* du 7 mai 1852. — Avec un peu de retard, le *Mémorial Bordelais* en rend compte et met en valeur quelques articles. (29 mai 1852).

**Juillet 1852**. — Les 15e, 16e, 17e et 18e livraisons viennent de paraître (EM-HO). (*La Presse*, 6 juillet 1852.)

**Août 1852**. — « Aujourd'hui cet ouvrage est arrivé à sa vingtième livraison, c'est-à-dire à la moitié de sa publication. » (*L'Assemblée nationale*, 12 août 1852.) — Un peu de retard dans les provinces : le 18 août 1852, le *Mémorial bordelais* fait un compte-rendu de seulement 18 livraisons parues.

**Septembre 1852.** — Le tome 1er (A-I) est en vente à la librairie Guillaumin. Multiples annonces dans la presse. (*Le Siècle*, 6 septembre 1852 ; *Le Constitutionnel*, 7 septembre 1852.)

**Novembre 1852.** — Les 21e et 22e livraisons sont en vente (LA-LO). (*L'Assemblée Nationale*, 25 novembre 1852.)

**Décembre 1852**. — Les 23e et 24e livraisons viennent de paraître, dans lesquelles se trouvent l'article *Métaux* de Michel Chevalier. (*La Patrie*, 3 décembre 1852.)

**Janvier ou février 1853.** — Parution de nouvelles livraisons, avec l'article *Monnaie* de Michel Chevalier, dont quelques extraits sont donnés en avant-première. (*Journal des débats*, 18 janvier 1853).

*La suite des livraisons n'a pas été annoncée dans les journaux.*

**Octobre 1853.** — Le *Dictionnaire de l'économie politique*, commencé en 1851, vient d'être achevé. (*La Presse*, 15 octobre 1853.) Multiples annonces dans la presse.

Ainsi, une datation des articles de Gustave de Molinari peut être proposée :

VOLUME I (1851-1852). Publié en volume en septembre 1852.

Beaux-arts. — Publié en septembre-octobre 1851.
Céréales. — Publié en février 1852.
Civilisation. — Publié en février 1852.
Colonies. — Publié en février 1852.
Colonies agricoles. — Publié en février 1852.
Colonies militaires. — Publié en février 1852.
Comte (Charles). — Publié en février 1852.
Émigration. — Publié en juillet 1852.

Esclavage. — Publié en juillet 1852.
Liberté des échanges (Associations pour la). — Publié en novembre 1852.
Liberté du commerce, liberté des échanges. — Publié en novembre 1852.


VOLUME II (1853). Publié en volume en octobre 1853.

Mode. — Publié en janvier ou février 1853.
Monuments publics. — Publié en janvier ou février 1853.
Nations. — Publié vers mars 1853.
Necker. — Publié vers mars 1853.
Noblesse. — Publié vers avril 1853.
Paix, Guerre. — Publié vers mai 1853.
Paix (Société et Congrès de la Paix). — Publié vers mai 1853.
Peel (Robert). — Publié vers juin 1853.
Propriété littéraire et artistique. — Publié vers juin 1853.
Saint-Pierre (abbé de). — Publié vers juillet ou août 1853.
Servage. — Publié vers juillet ou août 1853.
Sully (duc de). — Publié vers juillet ou août 1853.
Tarifs de douane. — Publié vers août 1853.
Théâtres. — Publié vers septembre 1853.
Travail. — Publié vers septembre 1853.
Union douanière. — Publié vers octobre 1853.
Usure. — Publié vers octobre 1853.
Villes. — Publié vers octobre 1853.
Voyages. — Publié vers octobre 1853.

# Discours contre la colonisation de la France au Tonkin et à Madagascar

## par Frédéric Passy

En décembre 1885, lors de la grande discussion à l'Assemblée sur les questions coloniales, et notamment sur l'intervention au Tonkin et en Annam (Viêt-Nam), Frédéric Passy choisit à nouveau de prendre la parole pour une exposition longue et détaillée des raisons pour lesquelles, contrairement à la plupart de ses collègues de tous bords, il rejette la politique coloniale de la France. C'est une protestation vibrante et rare d'un authentique libéral, fidèle aux idéaux de ses prédécesseurs, contre la politique de spoliation à l'extérieur qui s'appelle colonisation.

(Extrait du *Journal officiel* du 23 Décembre 1885.)

DISCOURS PRONONCÉ PAR M. FRÉDÉRIC PASSY

*Séance du 22 Décembre 1885*

Messieurs,

C'est sous le poids d'un double anathème, celui de Mgr l'évêque d'Angers et celui de notre honorable collègue M. Paul Bert, que j'aborde cette tribune. Ce poids, je puis affirmer à la Chambre que je le sens tout entier et que jamais je ne suis monté à cette place avec le sentiment d'une aussi grande et aussi lourde responsabilité. Et cependant, comme j'aime les situations nettes, je tiens dès le début à indiquer clairement toute l'étendue de mon crime. C'est quelquefois, vous le savez, le meilleur moyen de s'en faire absoudre. (On rit.)

M. Paul Bert disait hier, vers la fin de son discours, en expliquant, tel qu'il le comprend, le grand courant d'opinion qui a déterminé les dernières élections générales, qu'à l'exception de l'honorable M. Georges Périn personne n'avait jamais osé proposer devant le pays la thèse de l'évacuation. Je parle, bien entendu, d'une évacuation raisonnable et intelligente. (Très bien ! très bien ! sur divers bancs. — Exclamations au centre.)

**M. Georges Périn**, *s'adressant au centre*. Prétendez-vous, messieurs, que j'aie présenté une thèse déraisonnable ?

Jo m'expliquerai là-dessus. (Bruit.) Vous auriez pu le dire le 7 avril, en tout cas !

**M. Frédéric Passy**. M. Paul Bert a eu peut-être raison quant aux programmes électoraux ; je ne les ai pas tous dépouillés comme lui : il est possible que la nécessité de l'évacuation n'y ait pas été affirmée en termes exprès. Mais il y a tel d'entre nous qui n'avait pas besoin de dire sa pensée dans une circulaire ou une assemblée électorale, parce qu'il n'avait pas attendu le moment des élections pour la dire. Et j'entends, quant à moi, réclamer ici, comme je l'ai réclamé ailleurs, et pendant la période électorale même, vis-à-vis de M. Paul Bert et d'autres, le droit de me ranger à côté de M. Georges Périn comme n'ayant jamais, à cet égard, dissimulé ni atténué ma façon de penser. (Très bien !) Et je dis de plus qu'à ce moment on n'aurait guère compris qu'on m'en fît grief.

Les choses ont un peu changé depuis, cela est vrai. Il s'est produit, dans ces dernières semaines, certains courants ou contrecourants…

*Voix à gauche.* Apparents !

**M. Frédéric Passy**. … naturels ou artificiels... (Très bien ! très bien ! à gauche et à droite.)

*Un membre à gauche.* Provoqués.

**M. Frédéric Passy**. … profonds ou superficiels, je ne l'examine pas. Nous avons reçu certains d'entre nous, de nos amis et d'autres que de nos amis, des adjurations, des prières, des avis pressants, des injonctions même, de nature à nous émouvoir, sinon à nous troubler. On nous a fait en quelque sorte un devoir vis-à-vis des électeurs de ne pas soutenir ici les idées que nous croyons conformes à l'intérêt et à l'honneur du pays.

Je tiens à répondre ici, comme j'ai répondu ailleurs, que, pour ma part, depuis près de trois ans, jamais mon opinion n'a été ni équivoque, ni dissimulée ; que jamais je n'ai hésité à la professer ici et ailleurs ; et que c'est avec cette opinion, avec ces idées, peut-être à cause d'elles, avec elles en tout cas, et par conséquent avec le droit le plus entier de les conserver et de les soutenir, que j'ai été, sans autre programme, sans engagement, sans réserves, renvoyé dans cette Chambre par un nombre de voix qui me donne quelque droit de parler au nom du suffrage de la Seine. (Applaudissements sur divers bancs.)

Et c'est pourquoi, quelque pénible qu'il puisse m'être, vis-à-vis de beaucoup, quelque pénible qu'il me soit dans les circonstances actuelles en particulier, de continuer à soutenir mon opinion, comme je dois au pays la vérité avant tout — ce que je crois la vérité du moins — je persisterai, sans me dissimuler la difficulté de la tâche, à essayer de l'exposer devant la Chambre et devant le pays. (Marques d'approbation sur les mêmes bancs.)

Non, messieurs, ces difficultés, certes, je ne les ignore pas ; et à propos de cette question, dans laquelle je serais disposé à dire que l'on n'a que le choix des fautes... (Très bien ! très bien ! à gauche), que le choix des inconvénients et des périls tout au moins, je dirais volontiers ce que Gambetta disait le jour où ses amis, voyant leur triomphe assuré, furent tentés de croire que le temps des difficultés était passé : « L'ère des difficultés commence. » (Mouvements divers.)

Oui, messieurs, difficultés au point de vue matériel et extérieur, d'abord ; car, vous l'avez vu, c'est depuis la paix que les dépenses et les pertes d'hommes ont été le plus considérables : c'est après le traité, au lendemain du traité, que le général qui commande en chef au Tonkin et dans l'Annam a signalé dans ce traité, comme plein de difficultés et de dangers, un article qu'il déclare néfaste, celui par lequel la France a pris l'engagement d'assurer la tranquillité du Tonkin. Ce qui parait indiquer, ce me semble, que la « campagne de pacification » dont parlait M. Paul Bert n'est pas complètement terminée, ni même bien facile à terminer.

Difficultés au dedans, ensuite : car nous ne pouvons pas nous dissimuler, quelle que soit d'ailleurs notre opinion, que nous soyons ou non favorables an maintien de l'occupation ou à l'évacuation, que cette discussion a lieu dans des circonstances politiques intérieures de la plus grande délicatesse. Nous discutons ces questions à la veille d'un grand événement national qui nous oblige à la fois à les mener vite, trop vite peut-être, et à les traiter avec beaucoup de mesure et de circonspection. Nous pouvons craindre, quelle que soit la solution à laquelle nous nous arrêterons, d'apporter dans le jeu du mécanisme gouvernemental un trouble que nous ne voudrions pas y apporter. Et, à ce point de vue, je demande à la Chambre, et tout particulièrement au Gouvernement, la permission de leur présenter quelques réflexions, j'oserai dire de leur adresser une prière. (Parlez ! parlez !)

Nous avons jusqu'à présent, messieurs, j'en ai peur, discuté cette grande question de politique coloniale, ou soi-disant telle, sous l'empire de préoccupations qui n'étaient pas toutes tirées du fond de la question.

*Sur divers bancs.* C'est vrai ! — Très bien !

**M. Frédéric Passy**. Nous avons été préoccupés de questions de personnes, de questions de partis, de questions de ministères ou de stabilité ministérielle : les envisageant souvent, je me plais à la reconnaître, dans l'esprit le plus élevé et le plus dégagé de tout sentiment intéressé ou coupable, mais enfin, messieurs, exposés, par suite, à subordonner peut-être le principal à l'accessoire ; et nous avons beaucoup moins, permettez-moi de le dire, discuté et voté des questions de politique nationale que nous n'avons disputé et épilogué sur des ordres du jour et des motions de confiance. (Marques d'assentiment.)

Messieurs, au moment où je me trouve dans la pénible nécessité de me séparer, une fois encore, du ministère qui siège sur ces bancs, comme je me suis séparé maintes fois du ministère qui l'a précédé, je demande à la Chambre et je demande au ministère de faire, autant qu'il est possible, abstraction de ces sentiments secondaires et de ces considérations accessoires. Je supplie le Gouvernement de nous apporter des raisons et, pour rappeler une expression de Pascal, de ne pas se contenter d'avoir des moines à sa disposition.

(Très bien ! très bien ! sur divers bancs à gauche.)

Je supplie le Gouvernement de nous dire ce qu'il croit devoir nous demander, de nous l'imposer, s'il le croit nécessaire, et s'il y peut parvenir, au nom de l'intérêt national, mais de ne pas nous forcer la main au nom de sa stabilité, que nous ne voudrions pas atteindre, afin de ne pas nous mettre dans la dure nécessité, dans la cruelle alternative ou de voter contre lui pour ne pas voter contre notre conviction ou de voter contre notre conviction pour ne pas voter contre lui. (Très bien ! très bien !)

C'est dans ces sentiments que je viens ici à mon tour soutenir les conclusions de la commission, peut-être même, comme M. Georges Périn, un peu plus que les conclusions de la commission. C'est-à-dire que, de même que je me suis toujours déclaré, en refusant tous les crédits d'expéditions lointaines, prêt à voter tous les crédits, même bien supérieurs, qui seraient destinés à terminer ces affaires, je ne me refuserai pas à voter des crédits qui seraient présentés comme destinés à pourvoir aux nécessités du présent et à assurer le retrait de nos troupes et la fin de notre intervention dans le Tonkin. (Très bien ! à gauche.)

Mais, si ces crédits avaient malheureusement, comme certaines paroles peuvent le faire craindre, pour signification le maintien, et l'extension par suite, de notre occupation au Tonkin ; si c'était un nouveau pas vers cet avenir qui a été dépeint sous de si brillantes couleurs hier par M. Paul Bart et par M. l'évêque d'Angers, mais que, pour ma part, au contraire, je considère, je vais essayer de le justifier, comme un avenir de dangers et de ruine ; s'il en était ainsi, je serais, quoiqu'il m'en coûtât, dans la nécessité de refuser une fois de plus les crédits qui nous sont demandés.

On nous dit, messieurs, qu'il n'est pas possible, et qu'il serait honteux d'abandonner un pays que nous occupons ! Notre honorable collègue, M. l'évêque d'Angers, disait hier, — si ma mémoire ne me trompe pas — que cela avait pu être une faute, qu'il ne s'y était pas associé au début, mais que, puisque la chose était faite, il fallait y persister et rester dans le pays.

M. Paul Bert disait, de son côté — je m'expliquerai sur ce point tout à l'heure — qu'il y avait au Tonkin une récolte semée et préparée, et qu'il ne fallait pas y renoncer. Nous verrons, je le répète, quel est le genre de récolte qui nous a ainsi été préparé. Nos honorables collègues disaient tous les deux qu'évacuer, que nous retirer, même avec toute la prudence et toutes les précautions que l'honorable M. Georges Périn viendra vous exposer et vous expliquer ici, c'était un recul, une capitulation ; que jamais la France ne pardonnerait à ceux qui s'en rendraient coupables ou complices ; et que, Gouvernement ou députés, ils devaient s'attendre à disparaître à jamais sous le mépris public.

Messieurs, qu'il soit difficile de se retirer d'une situation dans laquelle on n'aurait pas dû s'engager, je le sais, et c'est précisément pourquoi je disais tout à l'heure que nous n'avons peut-être le choix qu'entre des partis dont aucun n'est bon, dont le meilleur n'a sur les autres d'autre avantage que d'être moins mauvais. Mais, quant à déclarer que pour être difficile cela soit impossible, je vous demande la permission de n'en rien croire. Et pour justifier mon assertion, il me suffira de remettre sous vos yeux les paroles que prononçait, il y a précisément deux ans, en novembre et décembre 1883, M. le ministre de la guerre, qui me fait en ce moment l'honneur de m'écouter, lorsque, dans la commission des crédits du Tonkin d'alors, présidée par notre ancien et éminent collègue M. Ribot, il était posé au Gouvernement des questions sur la nature et l'efficacité des nouveaux renforts et des nouveaux crédits qui étaient alors demandés à la Chambre.

M. le général Campenon disait à ce moment-là que c'était un dernier effort à faire, et il ajoutait : « Si le succès ne répond pas à notre attente, il faudra rappeler nos troupes. » Rappeler nos troupes, messieurs, le mot y est. Et M. le ministre ajoutait encore — pesez ces mots, messieurs — : « Il s'agit de sortir aujourd'hui honorablement du Tonkin. » On pouvait donc, de l'aveu de M. le ministre et du Gouvernement, car M. Jules Ferry était présent et consentant, en sortir honorablement en 1883 ; pourquoi pas en 1885 ? *(*Très bien ! sur divers bancs.) Ceci, messieurs, est dans le procès-verbal du 28 novembre 1883.

Un peu plus tard, M. le général Campenon revenait sur cette affirmation ; et, dans la séance da 15 décembre, veuillez noter encore ceci, messieurs, M. le général Campenon répondait ainsi à quelques questions qui lui étaient de nouveau posées par le président de la commission : « Le delta de Tonkin est un véritable marais. » Voilà déjà une parole d'une certaine signification en face de certaines affirmations optimistes qui ont été produites à cette tribune dans la séance d'hier comme dans d'autres occasions.

**M. Paul Bert**. Dans ce marais, il y a deux cents habitants par kilomètre !

**M. Frédéric Passy**. Je continue à lire : « Il n'y a que faire de 40 000 hommes au Tonkin. »

Il n'y a pas bien longtemps que M. le général Campenon qui, il y a deux ans, trouvait invraisemblable et quelque peu ridicule peut-être la crainte de voir 40 000 hommes au Tonkin, est venu déclarer ici, avec une netteté et une loyauté dont nous le remercions, qu'il y avait 35 000 hommes au Tonkin. Voici comment les prévisions sont déjouées par les événements.

M. le ministre continuait :

« Si nous obtenons rapidement un succès, le problème sera résolu. Sinon, nos sacrifices sont au dessus du but à atteindre. Je ne puis prédire encore ce qui arrivera ; mais, si nous avons un insuccès, il faudra liquider cette affaire ». *(Ah ! ah ! très bien ! sur divers bancs à gauche et à droite.)*

Voilà, messieurs, l'opinion qu'exprimait, il y deux ans, au sein même de la commission des crédits, le général ministre de la guerre à cette époque, et encore ministre de la guerre en ce moment même.

C'est dans le même procès-verbal — je le retrouverai dans un instant — que, sur cette autre question : « s'agit-il des derniers renforts à envoyer ? », M. Jules Ferry répondait en ces deux mots catégoriques : « Oui, absolument ! » Il n'a pas fallu longtemps pour démentir absolument cette assurance. (Mouvements divers.)

Messieurs, si M. le général Campenon — quoique assurément cette réponse dût lui être pénible — n'hésitait pas à reconnaître que, lorsqu'on s'est assigné à tort on but qu'on ne peut atteindre que par des efforts qui en dépassent la valeur, lorsqu'on est en face d'une entreprise qui a été, pour reprendre les paroles de M. l'évêque d'Angers, « mal conçue, mal préparée et mal dirigée », il faut savoir faire de nécessité vertu, et au lieu de s'obstiner à compromettre les finances ou la force militaire du pays, couper, comme on dit vulgairement, la corde avant qu'elle ne devienne un lien inextricable ; combien, à plus forte raison, pouvons-nous, dans la situation actuelle, nous demander si les efforts ne sont pas au-dessus du but à atteindre, et s'il y a lieu de persister dans de nouveaux sacrifices et dans de nouvelles dépenses d'hommes ! (Très bien !)

La situation, en effet, n'est plus la même. Nous ne sommes plus en guerre ; nous ne sommes plus en face d'échecs à venger, de troupes engagées et qu'il faut dégager, d'hommes qui sont allés là-bas sur l'ordre et sur la foi de la France et que la France ne peut abandonner comme des naufragés auxquels on n'enverrait pas même un radeau. Non ; nous sommes dans une situation qui a ses difficultés — si elle n'avait pas ses difficultés, nous ne serions pas à discuter ici —, mais qui au moins est nette : nous sommes en paix. Les derniers événements pénibles pour l'honneur national — les événements de Langson — ont été couverts par des traités ; la possession régulière du Tonkin nous est concédée ; nous l'occupons sans contestation de la part de la Chine ; nous en sommes les maîtres. C'est à nous, à nous seuls, à voir, dans notre pleine et entière liberté, en ne prenant conseil que de l'intérêt et de l'honneur de la patrie, si ce territoire, dont nous sommes devenus possesseurs, que nous avons conquis au prix de tant de sang et de tant d'argent, nous devons, parce que nous y avons déjà, comme on le disait encore hier, fait en pure perte des sacrifices, continuer à y faire de nouveaux sacrifices qui seront peut-être encore en pure perte ; ou si nous devons prendre, comme je le disais tout à l'heure, notre parti des sacrifices faits pour en éviter d'autres, couper la corde pour ne pas nous la laisser serrer autour du cou, et faisant cela librement, sans pression de personne, honorablement et dignement disposer de ce dont nous sommes maîtres de façon à dégager au moins l'avenir, puisque nous ne pouvons plus revenir sur le passé. (Très bien ! très bien ! à gauche.)

Messieurs, au point de vue de l'intérêt, M. Delafosse disait hier, dans un discours dont plusieurs parties sont excellentes et ont obtenu le plus vif assentiment de M. Paul Bert lui-même : « On prétend que c'est étroitesse d'esprit de comparer les sacrifices et les profits. » Non, messieurs, non ; calculer, raisonner, mesurer les ressources et les dépenses, se rendre compte de la portée et des conséquences de ses actes, en un mot, ce n'est pas étroitesse d'esprit, bien que l'on puisse quelquefois apporter dans cet examen et ce calcul de ses intérêts, dans cette économie de nos ressources, un esprit de mesquinerie qui confine à la petitesse et à l'avarice. Non, ce calcul, quand on le fait sagement, n'est point bassesse ; c'est bon sens, c'est devoir, alors même qu'il s'agit de sa fortune et de ses intérêts personnels : car, faute de s'imposer la loi de ne faire que ce qu'on peut, on arrive à ne plus rien pouvoir, et, par le grand chemin de ce qu'on appelle générosité et largesse, on va à la ruine. Mais quand il s'agit des intérêts de la nation ; quand il s'agit de la fortune de la nation, c'est-à-dire de tout le monde ; lorsque l'on est de ceux qui tiennent les cordons, non pas de leur propre bourse, mais de la bourse des autres, et des plus pauvres autant et plus que des plus riches ; lorsque l'on puise dans la poche de ceux qui n'ont pas voix au chapitre, qui du moins n'y ont pas directement voix, et que, se laissant entraîner et séduire à ce mirage de l'immensité des ressources d'un grand pays qui semble pouvoir tout faire et tout supporter, on ne mesure pas les sacrifices aux résultats ; lorsque l'on croit que parce qu'on dispose des deniers nationaux on n'est pas obligé à compter et l'on peut se mettre au-dessus de ces vulgaires préoccupations du doit et de l'avoir ; et que par ce laisser-aller on mène la nation à la gêne, au malaise, au déficit, et quelquefois aux conséquences redoutables et aux troubles intérieurs ou extérieurs qui sont la suite de ce malaise et de cette gêne... (Très bien ! très bien ! à gauche) ; alors, messieurs, oh ! alors compter n'est pas seulement prudence et sagesse, c'est nécessité ; c'est obligation absolue, obligation rigoureuse de conscience... (Très bien ! très bien ! Applaudissements.) Et se dispenser de compter sous prétexte qu'il s'agit des ressources de la nation tout entière, c'est tout simplement se mettre au-dessus des responsabilités les plus impérieuses de la plus vulgaire probité. (Nouveaux applaudissements.)

Eh bien, cela étant, voyons donc un peu, et en quelques mots seulement — car je ne suis pas le premier qui l'ait fait, et je ne viens pas le faire pour la première fois — voyons donc ou rappelons un peu, à ce point de vue du doit et de l'avoir, au point de vue de l'intérêt national, ce qu'est cette politique que l'on appelle la politique coloniale, que j'appelle, moi, la politique anti-coloniale ; cette politique d'expansion par les armes, de rayonnement forcé, qui a, à mes yeux, pour principal vice et pour principal défaut d'être précisément le grand obstacle à l'expansion naturelle de l'esprit et du commerce national à travers le monde. (Très bien ! très bien ! et applaudissements à gauche.)

Messieurs, je le dirais tout à l'heure, l'honorable évêque d'Angers réduisait presque hier, dans une partie de son argumentation, ses raisons à celle-ci : « La chose est faite, nous sommes au Tonkin, il faut y rester. Je n'y serais pas allé ; mais on y est : eh bien, profitons de l'occasion pour faire reprendre à notre empire colonial, malheureusement perdu on amoindri depuis le traité de 1763, une grandeur nouvelle. »

Et un peu plus tard, élargissant sa thèse — je tacherai de la retrouver tout à l'heure, car elle est, suivant moi, je lui en demande bien pardon, la partie la plus dangereuse de son discours, d'ailleurs si remarquable —, élargissant sa thèse, dis-je, notre honorable collègue présentait comme une sorte d'obligation impérieuse, de mission donnée par la divinité elle-même au nom de l'humanité aux nations avancées, et à la nation française en particulier, le devoir de s'emparer, fût-ce par la force, et fût-ce au prix des plus grands et des plus sanglants efforts, des pays arriérés, des races tard-venues — ce sont ses expressions — pour les élever par la vertu du sabre et du canon à la hauteur de la civilisation européenne. (Nouveaux applaudissements.)

**M. Roque** (de Fillol). Par les canons de l'Église !

**M. Frédéric Passy**. M. Paul Bert disait de son côté, je le rappelais il y a un instant :
« La récolte est préparée ; n'y renonçons pas. »

Soit ; mais quelle peut-elle bien être, cette récolte ? Que peut être le profit des colonies en général, et quel peut être en particulier celui de la colonie du Tonkin ?

Messieurs, parmi les regrets qui étaient enveloppés dans les réflexions que j'ai présentées tout à l'heure à la Chambre et au Gouvernement, il y en a un qui m'a été souvent exprimé par plusieurs de nos collègues et que j'ai exprimé et ressenti moi-même : c'est qu'au lieu de traiter incidemment et précipitamment, à propos de questions urgentes et brûlantes, ces grands problèmes de la politique coloniale, nous ne les ayons pas une bonne fois abordés directement pour eux-mêmes, dans une discussion complète, étendue... (Très bien ! très bien ! à gauche), dans laquelle nous aurions débattu le pour et le contre, entendu à loisir les partisans et les adversaires de la politique coloniale, et pris en connaissance de cause des résolutions générales, en dehors des préoccupations particulières qui s'attachent à telle ou telle phase de telles ou telles possessions, comme celles qui sont actuellement l'objet du débat. Nous serions ainsi arrivés à nous faire une opinion sur la direction générale de notre politique extérieure, et non à trancher tant bien que mal des incidents particuliers de tel ou tel point de cette politique. (Assentiment.)

Et j'ajoute que si nous avions pu procéder ainsi, nous serions arrivés à reconnaître, je le crois, ce que M. Lalande, à qui je dois de pouvoir, en ce moment, occuper sa place la tribune, a démontré dans une autre discussion, à savoir : que ces colonies dont on met en avant le commerce ne nous donnent que des débouchés insignifiants, absolument insignifiants, par rapport aux pays avec lesquels nous commerçons sans les avoir en notre possession... (Très bien ! très bien ! à gauche) ; C'est ainsi que l'Angleterre elle-même ne vend, par tête d'habitant, dans l'Inde, que pour 3 ou 4 francs à peine, tandis que sur des marchés qui ne lui coûtent rien elle vend pour des sommes beaucoup plus considérables. C'est ainsi que nous vendons, nous — voyez le livre de M. Yves Guyot — dans les pays où nous n'avons pas de colonies, pour quinze fois plus que nous ne vendons dans les pays que nous croyons posséder et exploiter sous le nom de colonies, et qui, je ne dirai pas nous exploitent, — car ils n'ont à notre égard aucune espèce de malveillance ou de mauvaises intentions, et ils nous ont donné souvent des preuves du plus honorable et du plus dévoué patriotisme —, mais qui nous coûtent, quand on sait faire le compte, infiniment plus qu'ils ne nous ont jamais rapporté et qu'ils ne nous rapporteront jamais. (Très bien ! très bien !)

Oui, messieurs, si vous faites le total de nos dépenses coloniales, et qu'en regard vous placiez le total de nos importations et de nos exportations, vous arriverez à ne plus trouver si paradoxale cette thèse que M. Paul Bert indiquait hier comme ne manquant, disait-il, ni de grandeur ni d'originalité, à savoir que peut-être bien les pays qui ont des colonies auraient-ils avantage à ne pas en avoir ou du moins à ne pas les avoir à titre de territoires asservis, mais à titre de dépendances libres.

La Suisse n'a pas de colonies, la Norvège n'en a pas davantage... (Interruptions et rires au centre. — Mouvements divers.)

**M. Laur**. Ne comparez pas la France à la Suisse ! Les nations les plus commerçantes sont celles qui ont le plus de colonies : ainsi, pour le Portugal, la surface de la métropole représente 4,7%, celle des colonies 95,3%...

**M. le président**. Veuillez faire silence !

**M. Laur**. Dans les Pays-Bas, la métropole est aux colonies comme 1,8 est à 98,2, et en Angleterre comme 1,5 est à 98,5. La France s'est à peine multipliée par 2 à l'étranger. (Exclamations.)

**M. le président**. Monsieur, je vous rappelle de nouveau au silence. Vous ne pouvez pas, de votre banc, vous livrer à une discussion économique. Il faut vous faire inscrire, si vous voulez répondre à l'orateur. (Très bien ! très bien ! à gauche.)

**M. Laur**. Je demande la parole.

**M. Frédéric Passy**. Je regrette, puisqu'il paraît que j'énonce des affirmations qui ne sont point connues de mes contradicteurs, d'être obligé de leur dire que ce sont là des faits absolument incontestables. Je regrette d'être obligé de dire à l'honorable interrupteur que, s'il avait pris la peine de vérifier les faits avant de m'interrompre, il saurait, ce que nous devrions tous savoir ici... (Très bien ! très bien ! à gauche), que de tous les pays du monde, sans en excepter l'Angleterre, celui qui a le commerce le plus considérable, eu égard à sa population, et de beaucoup le plus considérable, c'est la Suisse. La Belgique est dans le même cas et la suit de près. De même, tandis qu'on nous représente les colonies comme absolument indispensables pour avoir une marine marchande, la Norvège, qui n'a pas, que je sache, un empire colonial bien étendu, a, je ne sais plus exactement combien de fois, 18 ou 20, je crois, plus de puissance de transport par tête d'habitant que n'en a la France, qui a des colonies : 95 contre 5. (Très bien ! très bien ! sur divers bancs.)

De même encore la République Argentine, ainsi que j'ai eu l'honneur de le dire précédemment à cette tribune — dans laquelle nous avons presque autant de Français, et des Français souvent plus industrieux et plus entreprenants, que nous n'en avons au bout de cinquante-cinq ans en Algérie — est pour nous une colonie qui ne nous coûte rien..... (Très bien! très bien! sur divers bancs à gauche), et qui nous rapporte, qui sert à étendre, à répandre au loin le goût de nos marchandises, de nos habitudes, et à propager l'esprit français et la langue française. De même enfin ce Canada, que l'on regrette encore, ce Canada qui, bien qu'il ait été perdu pour la puissance française comme dépendance légale, n'en est pas moins un prolongement de la patrie française et demeure, par l'origine de ses habitants, par leur affection persistante, par leur langue, une véritable annexe de la métropole (Applaudissements sur les mêmes bancs) : une annexe qui ne nous coûte rien, encore une fois, mais qui nous rapporte, et avec laquelle toutes les relations, intellectuelles, morales ou commerciales, sont des relations avantageuses et bienfaisantes. (Nouveaux applaudissements sur les mêmes bancs. — Bruit au centre.)

Si l'état de la discussion, et la nécessité de la clore demain ou après-demain au plus tard, ne m'obligeaient à resserrer les observations que j'aurais à présenter à la Chambre, je dirais à M. Paul Bert que cette thèse « originale et non sans grandeur » qu'il a présentée comme un paradoxe ou un jeu d'esprit de quelque doctrinaire du laissez-faire, c'est la thèse très ancienne et très terre à terre, quoique très philosophique et très humanitaire, très pratique en tout cas, et très réfléchie, d'un personnage qui ne passe pas pour avoir en général manqué de bon sens et d'esprit de calcul. C'est la thèse de Franklin, qui, au siècle dernier, après après avoir fait le compte de ce que les colonies des différentes nations leur coûtaient et de ce qu'elles leurs rapportaient, concluait en disant que, si la France et l'Angleterre avaient joué leurs colonies à sucre sur un coup de dé, le gain aurait été pour le perdant. Et il ajoutait que, quant à lui, s'il avait eu à leur donner un conseil (assurément bien désintéressé, puisque son pays n'était en aucune façon partie en cause), il leur aurait proposé d'affranchir complètement leurs colonies, de les mettre sous la commune sauvegarde des nations européennes, et de commercer librement avec elles, n'ayant plus alors que des avantages à en attendre au lieu d'inconvénients. (Applaudissements sur divers bancs à gauche.)

Cette thèse, au reste, je l'ai indiquée il y a près de trois ans, à cette place, à l'origine de l'affaire du Tonkin, et j'ai montré à la suite de Franklin d'autres personnages, Arthur Young, Jean-Baptiste Bay, Charles Comte, exposant les mêmes idées. J'aurais pu ajouter à ces noms celui d'un membre éminent du *Board of Trade,* du bureau du commerce d'Angleterre, M. Porter, établissant, sur deux ou trois articles seulement, sur le sucre entre antres, en 1840 encore, que l'Angleterre faisait avec ses colonies une perte telle que, si elle leur avait donné pour rien tout ce qu'elle leur vendait, en se débarrassant des frais d'administration, d'entretien et d'occupation et en adoptant pour la métropole et pour elles la liberté entière du commerce, elle y aurait eu du bénéfice. Un million sterling de bénéfice ou 25 millions de francs rien que sur le sucre, disait M. Porter ; une pure bagatelle, comme vous voyez. (Interruptions et rires au centre.)

Vous riez de ces calculs, messieurs ! Les Anglais, eux, n'en rient pas tant que cela, ils en profitent. Et si, je le répète, la nécessité de ne pas être long qui s'impose à moi (Parlez ! parlez !) ne m'empêchait pas de mettre sous vos yeux — je le mentionne tout au moins et je vous engage à le lire, puisque vous paraissez ne pas le connaître — le grand discours prononcé, le 8 février 1850, au parlement anglais, par lord John Russell, je vous y ferais voir cette thèse exposée, non plus au nom de la philosophie ou de la philanthropie, ces chimères, mais au nom de la politique, par l'un des hommes les plus avancés, les plus compétents et, à cette époque, les plus influents de l'Angleterre ; il était premier ministre, et c'est la politique officielle, la politique du gouvernement dont il était le chef qu'il exposait.

Lord John Russell, dans ce discours, déclare que la politique anglaise doit avoir désormais pour orientation de mettre, graduellement et aussi rapidement que possible, ses possessions en état de s'administrer elles-mêmes et de se passer d'elle ; et que pour cela il faut leur rendre le droit de commercer librement avec le monde entier et de ne plus subir aucune gêne de sa part ; « de telle sorte, concluait-il, que, quelque chose qui arrive, nous ayons, nous citoyens de ce grand empire, la consolation de dire que nous avons contribué au bonheur du monde. » (Très bien ! très bien ! sur divers bancs à gauche.)

Sont-ce là de vaines paroles ? Il me semble, sans chercher ailleurs, qu'il y a tout au moins une région dans le monde qui, si j'en crois les hommes qui l'ont visitée, serait aujourd'hui la plus florissante partie du globe (c'est l'Australie), qui est dans les conditions que lord John Russell présentait comme l'idéal des colonies libres…

**M. Georges Perin**. C'est la plus prospère des colonies anglaises.

**M. Frédéric Passy**. … c'est-à-dire de ces rejetons que la métropole projette autour d'elle, de ces essaims qui vont, portant avec eux les idées, les mœurs, le langage, les habitudes, l'esprit d'attachement au sol natal de la mère-patrie, fonder, comme de nouvelles ruches, de nouveaux établissements qui grandissent à l'ombre du drapeau national, mais par l'initiative et par la liberté.

L'initiative et la liberté, messieurs, ces deux forces sans lesquelles on ne fait rien, disait un autre homme qui a étudié particulièrement la naissance et le développement de ces colonies qui sont devenues les États-Unis de l'Amérique, et dont vous me permettrez de vous citer encore deux lignes, M. Laboulaye. « Le besoin et la certitude de se gouverner soi-même, d'être maître absolu de son travail et de sa vie, voilà, dit M.

Laboulaye, les deux conditions de succès de toute entreprise humaine. C'est dans l'extrême liberté et l'extrême responsabilité qu'on trouve l'énergie qui fonde les colonies. Ce sont — ajoutait-il en faisant un retour amer et mélancolique sur sa patrie — les deux seules forces dont jusqu'à présent nous n'ayons pas su nous servir. » (Applaudissements sur les mêmes bancs à gauche.)

Mais, je le répète, messieurs, je ne veux pas, me laissant entraîner sur la pente d'une discussion générale, dont cependant je constate de nouveau la nécessité à cette tribune, m'écarter du sujet actuel, du sujet brûlant de ce débat, ni dépasser les limites de votre bienveillante attention. (Parlez ! parlez !) Je reviens au Tonkin, et je me restreins à la question spéciale qui est en discussion.

Lo Tonkin, messieurs, ce pays qu'on nous a présenté d'abord comme un Eldorado — je ne veux rappeler ni les cartes ni les prospectus qu'on nous a distribués jusque dans cette Chambre —, ce pays, dans lequel on allait tout trouver, où il semblait qu'il suffit de frapper la terre du pied pour en faire jaillir, non des armées comme du temps de César — bien qu'aujourd'hui on ait précisément la prétention de lui demander des troupes prêtes à prendre notre défense contre lui-même —, mais toutes sortes de richesses : houilles, riz, bois, etc. ; ce pays, mais encore faudrait-il savoir quelque chose de certain sur son compte avant de nous livrer à lui en lui livrant nos ressources à nous.

Voix à gauche. C'est cela !

**M. Frédéric Passy**. Or, que voyons-nous ? Nous voyons ceux qui le connaissent, ou qui croient le connaître, nous donner à son égard les renseignements les plus différents, les plus contradictoires, les plus inconciliables.

**M. Camillo Pelletan**, *rapporteur*. Très bien !

**M. Frédéric Passy**. Il y a cependant certains points qui ne sont ni contradictoires ni contredits. Il y a la fièvre, qui n'a rien d'imaginaire. Il y a la fièvre paludéenne, d'abord ; car il y a le Delta, qui n'est qu'un marais, nous dit le général Campenon, et dans lequel, avec la circonstance aggravante du marais, l'année se divise, comme dans toute la zone torride, en deux saisons, la saison sèche, relativement saine, quelquefois agréable et belle, et la saison des pluies, pendant laquelle il faut s'en aller si l'on ne veut rester à tout jamais pour engraisser de ses os la terre meurtrière.

Il y a la fièvre des bois, ensuite, qui est autrement pernicieuse, celle-là ; tellement pernicieuse qu'il est impossible de pénétrer à quelque distance dans les forêts sans en être en quelque sorte foudroyé. Les indigènes eux-mêmes sont obligés, quand ils doivent pénétrer dans les bois, d'allumer de grands feux pour changer l'air, et aussitôt qu'ils ont donné quelques heures à leur besogne, de se retirer précipitamment, sous peine de rester sur la place. (Bruit au centre. — Très bien ! très bien ! sur divers bancs à gauche.)

Il y a d'autres maladies qui ne sont pas endémiques, nous dit-on, comme le choléra. Pas endémiques pour les indigènes, c'est possible ; j'en doute cependant : mais pour les Européens au moins le choléra est assurément endémique dans toute cette partie du globe, ou, s'il n'y règne pas à perpétuité, il y fait des apparitions assez fréquentes et assez meurtrières, nous venons d'en avoir la preuve cette année même, pour qu'il soit nécessaire de compter avec lui.

On reconnaît une partie de ces inconvénients ; mais on assure qu'ils seront passagers. Le pays, dit-on, pourra, dans un certain avenir, être assaini, cultivé, exploité. Dans quel avenir ? Dans combien d'années, ou de dizaines d'années ?

On a cité, à cette tribune, le livre de M. Vignon sur les colonies ; je ne partage aucunement les idées de l'auteur, mais je ne fais pas difficulté de reconnaître que son livre est bien fait. M. Vignon nous parle de la richesse du Tonkin et de celle d'autres pays ; mais il constate, parce qu'il faut bien qu'il reconnaisse les faits, la mortalité et les autres défauts de ces pays. Aussi ajoute-t-il partout : « Ne nous payons pas d'illusions ; si on s'y prend bien, si on administre mieux, si on supprime, — comme le disait hier l'honorable évêque d'Angers — les militaires, les fonctionnaires, ce qui ne peut se faire cependant, tant que la campagne de pacification n'est pas terminée, — eh bien, un jour viendra, dans quarante ou cinquante ans, où ces pays donneront des résultats. » Je ne dis pas non, je n'en sais rien, et je ne le verrai pas, ni vous non plus, probablement, car d'ici-là, comme dit la fable :

« Le roi, l'âne ou moi, nous mourrons. »

L'honorable évêque d'Angers place ses calendes grecques moins loin ; il nous a dit dans dix ans. Mettons dix ans, si vous voulez ; mettons vingt ans, mettons vingt-cinq ans. Quels seront alors ces résultats ? Qui le sait ? Qui peut le dire ? Qui peut affirmer qu'ils dépasseront les sacrifices qu'il faudra accumuler d'ici là année par année et dont il faudra que les rentrées couvrent et dépassent l'intérêt ? Car lorsqu'on n'obtient pas comme rendement au-delà de l'intérêt du capital engagé, on a fait une mauvaise affaire. (Très bien ! très bien ! sur divers bancs à gauche.)

Et en attendant ? Messieurs, je veux faire la part aussi belle que possible à mes adversaires, vous le voyez : je ne nie pas le résultat, il peut être très bon, je me garderai de nier comme d'affirmer, mais je dis que c'est l'inconnu, l'indéterminé. Et j'ajoute : en attendant, que se passera-t-il ? Si vous vous le rappelez, messieurs, lorsqu'il y a tout à l'heure trois ans je suis venu, avec plus d'hésitation encore, s'il est possible, qu'aujourd'hui, — mais cependant je l'ai fait, parce que je sentais l'impérieux besoin de remplir un devoir —, lors qu'il y a trois ans, dis-je, je suis monté à cette tribune demander au Gouvernement s'il était bien sûr que ce qu'il nous demandait en hommes et en argent suffirait, s'il avait bien tout calculé, je ne vous ai pas dit, messieurs, ce que j'avais indiqué dans mon bureau, ce que j'ai répété ici depuis, parce qu'il n'y avait plus de danger à le dire ici, je ne vous ai pas dit que, quant à moi, j'étais convaincu qu'il faudrait 40 000 ou 50 000 hommes et 500 millions. J'ai simplement dit que l'on n'était pas suffisamment éclairé et renseigné, que je ne croyais pas le Gouvernement assez sûr de ce qu'il disait, que c'était un saut dans l'inconnu, et que je ne faisais pas de saut dans l'inconnu. J'en dis autant, ni plus ni moins, à cette heure.

Je n'affirme pas que jamais, dans aucun état de cause, le Tonkin ne puisse devenir un pays utilement exploité ; mais j'ai des doutes, des doutes graves. Et il me suffit que j'aie des doutes graves pour que je vous crie encore une fois : Prenez garde, ne faites pas un saut dans l'inconnu ! (Mouvement.)

Et de nouveau j'ajoute : En attendant, que va-t-il se passer ? Qu'allez-vous faire ? Que va-t-on nous demander ?

Vous allez continuer à envoyer là-bas des hommes et des millions, et à courir des risques et des dangers. Et voilà, quant à présent, jusqu'au jour éloigné et problématique de la récolte entrevue par l'honorable M. Paul Bert, voilà la récolte que nous avons semée et préparée : des dépenses d'hommes, des dépenses d'argent, des risques et des dangers.

Oh ! je sais bien ce qu'on nous dit ! Des hommes, combien ? 6 000, une bagatelle ! Mon Dieu, messieurs, 6 000 hommes, c'est possible. Est-ce certain ? On a dit 6 000 ; mais on a dit 60 000 aussi. Oh ! je sais bien qu'on a déclaré que c'était une boutade. Eh bien, j'ai peur des boutades : j'ai assez des boutades d'hier, et je ne veut pas qu'on s'expose aux boutades de demain. (Applaudissements à l'extrême gauche et à droite.)

6 000 hommes, 60 000 hommes, donc ; je n'en sais rien : mettons-en 6 000, si vous voulez. N'est-ce rien, s'il vous plaît ?

Messieurs, je ne me rappelle jamais sans émotion les paroles que prononçait à cette tribune, à l'occasion de la discussion de la loi militaire, l'honorable M. Margaine. « Nous avons voté, disait-il, le service obligatoire : cela veut dire que nos enfants sont obligés, quand le pays est menacé, d'aller défendre la frontière et l'intégrité du pays ; cela ne veut pas dire, — et ce n'est pas pour cela que je l'ai votée, ajoutait M. Mergaine —, cela ne veut pas dire que nos enfants soient à la disposition de tel ou tel projet, de telle on telle aventure, de telle ou telle entreprise, qui peuvent être bons ou qui peuvent être détestables... (Très bien ! très bien ! et applaudissements à droite et à l'extrême gauche) pour aller, bien ou mal préparés, trop jeunes…

**M. Bergerot**. Très mal préparés !

**M. Frédéric Passy**. … non résistants, non acclimatés, non entraînés, mourir comme ils meurent, malheureusement, dans des proportions trop considérables, de la fièvre ou de la dysenterie, dans les pays lointains. (Nouvelle approbation.)

Et que ce soient 6 000 ou 60 000 hommes, que ce ne soit qu'un millier ou que ce ne soient que quelques centaines, messieurs, c'est du sang de la France, et nous en devons compte à la France comme nous en devons compte aux familles elles-mêmes. (Applaudissements.)

Tout, quand il y a nécessité ; rien, quand il n'y a pas nécessité. (Nouveaux et vifs applaudissements sur les mêmes bancs.)

Et puis, messieurs, l'engrenage, y avez-vous pensé ?

Ah ! le passé à cet égard est fait pour nous engager à réfléchir sur l'avenir. L'engrenage ! Oui ! c'est d'abord un petit crédit, tout petit, et quelques petits navires sans importance pour réprimer des actes de piraterie aux environs de la Cochinchine. Puis, c'est un autre petit crédit, moins petit, mais une misère encore — pas pour les contribuables pourtant — mais enfin une goutte d'eau dans l'immense océan de notre budget : quelques pauvres millions, 5 500 000 francs, et quelques bataillons, 3 000 hommes, pour en finir ! Cela suffira complètement, on en est absolument certain. Absolument, vous savez ; et puis vous savez aussi ce qui est arrivé ?

On a demandé d'autres crédits moins petits, on a demandé l'envoi d'un nombre plus considérable d'hommes, on a même fait des envois de troupes sans nous les demander, et sans nous le dire. Et on est arrivé ainsi aux chiffres que j'indiquais tout à l'heure : les 3 000 hommes sont devenus 35 000 à 40 000 ; et les 5 500 000 fr. sont devenus les 500 millions que j'annonçais, et certainement beaucoup plus, si l'on tient compte de tout : matériel naval à réparer, armes em-ployées et usées, magasins vidés et approvisionnements épuisés, etc., etc. Si vous comprenez tout cela, vous dépassez de beaucoup le chiffre de 500 millions, que je m'étais permis d'avancer.

**M. Bergerot**. Dites un milliard, et vous serez dans la vérité.

**M. Frédéric Passy**. Je suis convaincu, en effet, pour ma part, et je n'hésite pas à le dire du haut de cette tribune, que, lorsque les derniers comptes seront réglés, si vous n'atteignez pas le milliard, vous n'en serez pas loin. Vous en approchez déjà. (Applaudissements à droite et à l'extrême gauche.)

*Un membre à droite*. Sans compter les pensions de retraite à servir !

**M. Frédéric Passy**. Voilà l'engrenage, messieurs. Eh bien, cet engrenage, je ne veux pas que nous recommencions à nous y livrer.

Mais ici on nous dit qu'il n'y a plus rien à craindre de pareil, et l'on nous parle des bonnes dispositions de la Chine. Nous parle-t-on aussi des bonnes dispositions de l'Annam ? Car, enfin, elle est assez singulière la thèse de nos adversaires. M. Paul Bert, en se prononçant hier avec énergie contre l'évacuation soit immédiate, soit progressive, en combattant d'an autre côté avec une vigueur qui n'a pas encore été égalée, puisqu'il est le seul qui ait, jusqu'à présent, attaqué le projet du Gouvernement, en combattant, dis-je, ici, avec une très grande énergie, comme il l'avait fait dans le 2ᶜ bureau, le projet du Gouvernement qu'il a déclaré très mauvais et très dangereux, M. Paul Bert disait : « On est obligé de rester là où le drapeau de la France a été planté, n'importe où, n'importe par qui et n'importe à quelle occasion. » — Cela pourrait mener loin, cependant. — « On ne peut pas recaler, ajoutait-il, on ne peut pas abandonner le Tonkin, le drapeau y est. Mais nous devons abandonner l'Annam », disait en même temps M. Paul Bert.

Cependant notre drapeau y est aussi, ce me semble. (Très bien ! très bien ! à l'extrême gauche et à droite.)

S'il y a déshonneur et impossibilité d'un côté, je ne vois pas comment il n'y aurait ni déshonneur ni impossibilité de l'autre, et réciproquement. Ce que vous pouvez faire d'un côté, vous pouvez le faire de l'autre ; si vous trouvez toutefois que cela s'accorde avec nos intérêts, et si, dans votre liberté, vous arrivez à cette résolution. Je ne vois pas pourquoi nous serions plus absolument tenus, au nom du drapeau et de l'honneur national, d'occuper à perpétuité le Tonkin que d'occuper à perpétuité l'Annam.

Et pour l'an comme pour l'autre je me demande, encore une fois, s'il n'y a pas certains sujets de préoccupation. Car enfin — je me suis permis de le dire dans mon bureau, répondant déjà à l'honorable M. Paul Bert —, vous nous dites de laisser l'Annam. Mais l'Annam nous laissera-t-il, lui ? Mais cette population, que vous nous avez représentée comme si énergique, si belliqueuse, si habituée au pillage et à l'incursion dans les provinces voisines, cette population à laquelle vous ne voulez pas — parce que vous considérez que ce serait un danger —, confier des armes au nom de la France, êtes-vous bien sûrs qu'elle abandonnera, pour vous laisser tranquilles dans le Tonkin, toutes ses habitudes ?

Êtes-vous bien sûrs qu'elle aura absolument besoin que vous lui donniez des armes au nom de la France et avec son argent, pour en avoir qu'elle puisse tourner contre les garnisons françaises que vous aurez au Tonkin ?

Ne croyez-vous pas qu'il peut y avoir là un danger et que, par conséquent, l'occupation restreinte du Tonkin peut n'être pas une solution meilleure que l'occupation tout entière de l'Annam et du Tonkin ?

Quant au Tonkin, on nous parle aujourd'hui des excellentes dispositions de la Chine. Mon Dieu ! M. Delafosse le disait hier et je ne voudrais pas répéter, en moins bons termes, ce qu'il a dit à ce sujet, — je le rappelle seulement —, nous avons vu, tour à tour, la Chine quantité négligeable dont il n'était pas permis de parler, et grande puissance, avec laquelle, nous disait alors M. le président de conseil, M. Jules Ferry, la France n'avait jamais cessé de traiter comme on traite avec les nations admises dans le concert des grandes puissances. Nous avons vu tour à tour la Chine stigmatisée officiellement du haut de cette tribune comme une nation avec laquelle il était impossible d'avoir aucune espèce de relations suivies et sûres, le modèle de la duplicité et de l'hypocrisie, une puissance sur la parole et même sur la signature de laquelle il était impossible de compter ; et puis nous l'avons vue représentée, comme aujourd'hui, comme une nation ayant les habitudes les plus régulières de la diplomatie la plus civilisée, et sur les bons offices et les dispositions de laquelle, du moment qu'elle a donné sa parole, on peut absolument se fier. (Applaudissements sur les mêmes bancs.)

Messieurs, est-ce l'un, est-ce l'autre ?...

**M. Clémenceau**. Cela dépend des jours !

**Frédéric Passy**…. ou peut-être n'est-ce ni l'un ni l'autre ?

Quant à moi, je ne me permettrais pas de porter un jugement sur le Céleste-Empire, je ne le connais pas plus que ceux qui en ont parlé avec tant d'assurance et de contradiction ; mais je suis porté à penser qu'il ne mérite, suivant le vers célèbre :

Ni cet excès d'honneur, ni cette indignité.

J'imagine que c'est une puissance comme bien d'autres, qui a ses variations ; qui entend plus ou moins bien, suivant l'heure, ses intérêts et ses devoirs ; avec laquelle il est naturel de chercher à se trouver en bons termes et aussi de s'assurer des garanties ; dont on fait bien de ne suspecter en aucune façon les bonnes dispositions tant qu'elles s'affirment et se confirment par des faits, mais vis-à-vis de laquelle on fait bien, en même temps, de garder ces habitudes de prudence et de réserve qu'on doit conserver à l'égard de toutes les nations, même de celles avec lesquelles on a les relations les plus amicales et les plus anciennes, comme cette grande nation anglaise, dont M. Paul Bert disait hier que la brouille avec la France serait pour l'Europe ou plutôt pour le monde un véritable désastre, un véritable crime de lèse-humanité !

Et s'il en est ainsi, je me demande s'il ne peut pas arriver qu'à un certain moment, à une certaine heure, sous l'influence de tel ou tel courant, de tel ou tel conseil, en présence de telle ou telle apparence ou de telle ou telle réalité de relèvement militaire de ce pays, qui, vous le savez, s'occupe en ce moment même de transformer ses institutions et ses établissements militaires ; je me demande s'il ne peut pas arriver que les relations, qui ont été si mauvaises pendant deux ou trois ans et qui sont si bonnes aujourd'hui, deviennent moins bonnes, et si par conséquent nous avons beaucoup d'intérêt à conserver, à quatre mille lieues de la mère-patrie, ce voisinage qui a tant de points de contact difficiles et qui pourraient devenir tout d'un coup saignants au moment même où nous pourrions être dans la difficulté de nous occuper de nos intérêts lointains. (Marques d'approbation sur les mêmes bancs.)

Et j'ajoute, d'autre part : si les dispositions actuelles de la Chine sont si bonnes, profitons-en pour régler à nouveau à l'amiable cette situation qui, de l'aveu de tous, du général de Courcy comme de l'amiral Daperré, demande à être réglée à nouveau. Messieurs, il est vrai, lorsque nous posons la question sur ce terrain, et lorsque nous disons — ce que je me borne à indiquer, parce que, encore une fois, je veux laisser aux autres orateurs le soin de traiter les points sur lesquels, étant plus particulièrement compétents, ils doivent être entendus de la Chambre —, lorsque nous disons, comme le dira avec plus d'autorité l'honorable M. Georges Périn, qu'il y a lieu de prendre des mesures, de s'entendre avec ces puissances orientales, non pas pour évacuer, comme on l'a dit, par le télégraphe, non pas pour tourner le dos à tout risque, mais pour remettre, dans des conditions possibles et honorables, ce pays dans un état tel que nous ne soyons pas obligés d'avoir constamment notre responsabilité engagée ; lorsque nous disons cela, on nous répond : mais la Chine n'en veut pas, mais ce serait une difficulté pour la Chine.

L'honorable M. Paul Bert le disait hier, en propres termes : « Mais la Chine n'ignore pas combien il lui serait difficile de maintenir et de pacifier ce pays ; elle ne veut pas se charger de toutes ces difficultés et de toutes ces dépenses. »

Ah ! il n'est donc pas si facile à maintenir et à pacifier, ce pays ! (Très bien ! très bien ! à droite et l'extrême gauche.) Ah ! la Chine, qui est à côté, considère qu'il lui serait difficile d'y maintenir l'ordre ; et elle désire que ce soit nous qui venions de 4 000 lieues, à grands frais, pour faire une police qu'elle trouverait trop onéreuse et trop difficile ! Mais alors, je me méfie doublement de l'obligation d'y faire la police et d'y maintenir l'ordre, et je demande qu'avant de l'imposer à jamais à la nation française vous y réfléchissiez, non pas à deux fois, mais à dix fois, mes chers collègues. (Très bien ! très bien ! sur les mêmes bancs.)

Et, après cela encore, je vous demande : Êtes-vous bien sûrs que la Chine soit si peu disposée que cela à se recharger du Tonkin ?

Moi, qui suis naïf et n'y entends pas finesse, je vois qu'elle a dépensé 500 millions, soutenu le guerre pendant plus de deux ans, et fait des sacrifices énormes pour y maintenir son autorité : je me figure que ce n'est pas pour rien, et je ne suis pas bien sûr que dans cette circonstance elle ne fasse pas ce que M. Paul Bert disait hier qu'on aurait dû faire ici, mais ce qu'il n'est plus temps de faire, qu'elle ne cherche pas à rentrer dans la jouissance et dans l'administration de ce pays en évitant de le dire trop haut. Je ne serais pas étonné, par conséquent, qu'une diplomatie intelligente trouvât, d'accord avec l'Annam et la Chine, un *modus vivendi,* un *modus evacuandi*, pour dire le mot, qui serait honorable et profitable à tous les intéressés. (Applaudissements sur divers bancs.)

On a reproché à la commission, on me reprochera probablement, — M. George Périn nous lavera tous de ce reproche —, de n'avoir pas expliqué les détails de ce *modus evacuandi*. Je suis persuadé que personne ne me soupçonnera de vouloir, quoique je sois obligé de combattre le projet du Gouvernement, rien lui dire de désagréable ; mais je maintiens que ce n'est pas le fait d'une commission, c'est le fait de ceux qui négocient, de ceux qui ont des agents sur place, qui peuvent s'entretenir avec les autres puissances, de chercher à savoir et de venir dire, quand ils le savent, ce qui est possible et proposable.

Ce que la commission pouvait faire et ce que la Chambre peut faire, ce qu'à mon avis elle doit faire, c'est de signifier, en votant les crédits, si elle les vote, par la façon dont elle les votera, et, quant à moi, si je le fais ce ne sera que sous cette condition qu'elle entend que ces crédits ne soient pas de nouveaux crédits d'occupation, le point de départ d'engagements nouveaux qui puissent nous amener de proche en proche jusqu'à je ne sais quelles extrémités impossibles à prévoir, mais que ce soient des crédits destinés à préparer la liquidation honorable, pour reprendre le langage de M. le ministre de la guerre, mais la liquidation définitive de cette entreprise. (Applaudissements à droite et à l'extrême gauche.)

Messieurs, j'ai fini en ce qui concerne le Tonkin. Je ne dirai rien de Madagascar, sinon que ce que j'ai dit du Tonkin, à plus forte raison je le dis de Madagascar. Je me suis expliqué il n'y a pas très longtemps là-dessus, et j'ai prononcé un bref discours que je maintiens. Si la discussion vient spécialement sur ce point, je m'y référerai ; mais je ne veux pas allonger le débat, et je laisse de côté ce qui touche à cette affaire, à mon avis bien moins difficile que celle du Tonkin, qui peut être résolue quand on voudra, et qui l'aurait été, qui aurait dû l'être cet été si, de même qu'autrefois on s'était obstiné à vouloir la propriété définitive pour arriver enfin à se contenter de baux renouvelables, on ne s'était pas obstiné cette fois à exiger le mot de « protectorat » au lieu du mot de « haute garantie ». (Rumeurs au centre. — Applaudissements à l'extrême gauche et à droite.)

Avant de descendre de cette tribune et de soulager de l'ennui de m'entendre ceux auxquels mes paroles paraissent peser…

**M. le président**. Personne, monsieur Passy, n'a pu exprimer ces sentiments.

**M. Frédéric Passy**. J'ai cru les voir se manifester d'une façon parfaitement caractérisée.

*À droite*. Vous êtes dans le vrai.

*Sur divers bancs*. Parlez ! parlez !

**M. Frédéric Passy**. Si je me suis trompé, je m'en excuse auprès de ceux que j'ai accusés à tort.

Avant de descendre de cette tribune, dis-je, j'ai quelques réflexions qu'il me paraît impossible de ne pas présenter après les paroles ardentes, je dirais volontiers trop ardentes, sous lesquelles ceux qui soutiennent l'opinion que je soutiens en ce moment ont été écrasés par l'éloquence combinée de M. l'évêque d'Angers et de M. Paul Bert. (Rires sur divers bancs.)

On nous a reproché, messieurs, un manque de patriotisme ; on nous a accusés, je le disais tout à l'heure, d'être les ennemis de l'expansion de la race française. On nous a dit que nous voulions enmurer la nation française, l'enfermer dans une sorte de muraille de Chine que nous ne lui permettrions pas de trouer pour la laisser se répandre au dehors. On nous a montré, avec une grande éloquence, ce mouvement d'expansion qui est le résultat inévitable des grandes découvertes de ce siècle, de la vapeur, de l'électricité, de toutes ces choses qui transforment le monde.

On nous a dit : « Les distances disparaissent ; avant peu les races civilisées se seront répandues sur toute la surface du globe ; et malheur alors à celles qui n'auront pas marqué leurs places et n'auront pas pris possession de points décisifs dans les régions même les plus éloignées ! »

Enfin, comme je le rappelais tout à l'heure, on nous a dit qu'il y avait là un devoir d'humanité ; on nous a dit qu'il y avait là une nécessité commerciale, que les marchandises suivaient le pavillon, que les lumières devaient être répandues, dispensées par les races qui les possèdent, afin d'élever jusqu'à elles celles qui en sont privées.

Eh bien, oui, messieurs, je suis de ceux qui croient que les grandes découvertes de ce temps ont pour conséquence nécessaire d'élargir le monde, de porter les peuples à se répandre autour d'eux en se mêlant les uns avec les autres.

Je suis de ceux qui pensent que nos intérêts ne se bornent plus à ce petit coin de terre que nous habitons, et que nous avons besoin de porter au loin et nos produits, et nos idées, et notre langue. Mais c'est précisément parce que telle est ma conviction que je suis et que je reste résolument opposé à la manière dont on entend porter au loin et les marchandises et les idées. (Applaudissements à droite et sur divers bancs à gauche.)

Les marchandises suivent le pavillon ; les marchandises ne suivent pas le canon, car le canon les arrête quand il ne les détruit pas. (Nouveaux applaudissements sur les mêmes bancs.)

Si, alors que des commerçants commencent à s'aboucher les uns avec les autres, sous prétexte qu'il y a des intérêts qui naissent, vous faites intervenir ce qu'il y a, dans sa véritable mission, la défense du droit, de plus respectable au monde, mais de plus redoutable aussi en dehors de sa mission, la force ; si vous faites apparaître le soldat qui doit servir le droit et non pas aller contre le droit ; oh ! alors, loin de les appeler, vous repoussez, vous écartez, vous éloignez les unes des autres ces mains qui commençaient à se rapprocher.

**M. Clémenceau**. Très bien !

**M. Frédéric Passy**. Vous effaroucher les commerçants, gens pacifiques ; vous empêcher ces jeunes gens, qui allaient peut-être partir pour essayer d'y chercher fortune, de se rendre dans ces pays parce qu'ils voient qu'ils y seront exposés à tous les hasards, à tous les dangers et — tranchons le mot, la chose est inévitable, et je n'en fais pas un reproche — à l'arbitraire qui suit nécessairement les occupations militaires et les difficultés des campagnes. (Applaudissements à l'extrême gauche et à droite.)

Je dis que je n'en fais pas un reproche aux hommes, mais j'en fais un à la politique ; car enfin, messieurs, un général a pour premier devoir, pour première obligation de sauvegarder la sécurité des troupes qu'il commande, et il n'est pas à même de discuter toujours la légalité des moyens qu'il emploie. Sans compter, comme le disait hier M. Delafosse, que le métier des armes dispose mal au respect du commerce et du travail. Mais je dis que ce n'est pas ainsi que l'on fait avancer les relations d'affaires, que l'on fait avancer la langue d'un pays, que l'on fait accepter ses idées, ses institutions, ses lois. On le fait, je le disais tout à l'heure, en essaimant librement et en laissant s'implanter, grandir, fleurir, fructifier dans les terrains qui sont propices à cette fructification, les germes nouveaux qui ont été jetés au loin par la mère-patrie. Voilà la véritable civilisation ! (Vifs applaudissements à droite et à l'extrême gauche.)

Et puis, l'avouerai-je, j'en demande pardon à Mgr l'évêque d'Angers, mais, en terminant comme en commençant, je tiens à faire une confession complète et sans réticence. (Sourires.) Eh bien, en l'entendant hier partir en guerre avec tant de résolution, d'entrain et d'énergie, je me demandais si véritablement ce n'était pas ce cardinal de Richelieu qu'il citait avec tant de plaisir, ou ce Jules II entrant par la brèche dans les villes conquises, que nous voyions à cette tribune. (Rires et applaudissements.)... Et j'étais tenté de lui appliquer, très respectueusement, le vers de Racine :

Eh quoi ! Mathan, d'un prêtre est-ce là le langage ?

(Nouveaux applaudissements.)

Comment, voilà des peuples que vous voulez bien ne plus appeler des races inférieures, — il n'y a pas longtemps qu'on a consenti à ne plus les appeler ainsi —, mais que vous appelez au moins des tard-venus de la civilisation, des cadets dont d'autres sont les aînés et auxquels ces aînés doivent tendre la main pour leur apporter la richesse et la science. Et ces dons du travail et de la paix, c'est le fer à la main que vous les présentez, que vous les imposez ! C'est dans la flamme et le sang que vous faites éclater à leurs yeux votre supériorité ! Et alors que vous protestez si hautement et si énergiquement, au nom de votre cœur de Français et d'Alsacien, contre les crimes et les fautes de la conquête en Europe ; alors que vous ne reconnaissez en Europe à aucune puissance le droit d'enlever à une autre un seul lambeau de son territoire, c'est-à-dire de sa chair nationale... (Vifs applaudissements à l'extreme gauche et à droite), vous prétendez non seulement avoir le droit mais le devoir de dominer, d'asservir, d'exploiter d'autres peuples, qui sont peut-être moins avancés que nous dans la civilisation, mais qui n'en ont pas moins leur personnalité, leur nationalité comme nous, et n'en sont pas moins attachés à leur indépendance et à celle de leur sol natal.

Ils sont pauvres, dites-vous, et ils sont faibles. Il y a des régions sauvages, en effet, misérables, ignorantes, où l'homme vit encore caché dans des tanières, comme un demi-animal (ou comme les paysans nos pères du bon vieux temps et du grand siècle, monseigneur), mais où, tout sauvage et barbare qu'il soit, il ne tient pas moins à sa patrie que nous à la nôtre ; où comme nous — peut-être plus que nous, car il n'a que cela —, il est jaloux de sa liberté.

Il y a, messieurs les gouvernants, des lambeaux de territoire qui, à vos yeux, ne sont rien, car ils sont sans valeur vénale sur notre marché ; dont vous disposez à votre gré dans vos cabinets et dans vos chancelleries ; que vous déchirez comme les chiffons de papier sur lesquels vous inscrivez vos traités et vos ordres ; que vous vous appropriez en vous les faisant céder par d'autres qui n'y ont pas plus de droits que vous, ou que vous faites envahir par vos soldats comme des choses mortes et insensibles. Et ces territoires, c'est la vie même, c'est le corps et le sang de ces pauvres gens, c'est leur Alsace à eux, c'est leur Lorraine à eux. Pour eux, et devant l'humanité comme devant Dieu, elle vaut les nôtres. (Vils applaudissements à l'extrême gaucho et à droite.)

Messieurs, je crois que les grands peuples, en même temps qu'ils sont jaloux de leur indépendance et de leur dignité, doivent être respectueux de l'indépendance et de la dignité des autres. Je crois que les grands peuples, ceux qui ont le bonheur de posséder des capitaux et des lumières, ceux qui ont dans les mains tous les moyens de dompter la nature, de la fertiliser, d'en faire jaillir les trésors qu'elle recèle, au lieu de s'emparer des terres neuves par la force, ont à leur disposition des façons bien autrement économiques et bien autrement sûres de se procurer les avantages que leur promettent ces terres nouvelles ; c'est de gagner à eux par leurs richesses, par leurs lumières, par l'afflux de leurs capitaux, par leur exemple, par les entreprises qu'ils fondent, ceux qui occupent ces pays ; c'est de se faire ouvrir, en le fécondant, ce monde qui les attend ; c'est d'y faire disparaître à la fois et la stérilité du sol et la barbarie des âmes. (Applaudissements à gauche et à droite.)

Messieurs, je mets ces dernières paroles sous le patronage d'un homme que la France s'honore de compter parmi ses plus illustres enfants, ses maîtres les plus éminents et ses patriotes les plus éprouvés ; c'est Michelet. (Très bien ! très bien ! à gauche.)

Après nous avoir rappelé la façon dont les Espagnols qui, pour le dire en passant, ont été perdus par l'Amérique et ruinés par leurs colonies, se sont conduits en Amérique ; après avoir montré ces hommes que l'avidité de l'or a appauvris, que les mines du Nouveau Monde ont empêchés d'exploiter leur sol, qui sont arrivés à perdre les métiers et l'agriculture de l'Espagne pour aller chercher au loin des trésors tachés de sang qui leur ont coulé des mains ; après nous les avoir montrés réduisant en douze années, d'après Colomb lui-même, la population indienne des six septièmes, et en vingt-cinq années, d'après Herrera, d'un million à douze ou quinze mille, Michelet nous dit :

Lorsqu'on étudie les récits des historiens, lorsqu'on voit les peuples civilisés faire leur trouée par la force à travers les parties barbares du globe, lorsqu'on voit les Pizarre, les Cortès et leurs émules créer ces empires lointains qui ont immortalisé leur nom, mais qui ont immortalisé aussi le renom de leur cruauté, (Très bien ! très bien ! à gauche), on éprouve deux sentiments. Le premier, c'est celui de l'admiration pour l'audace, l'énergie, le talent et l'obstination dont l'homme est capable pour maîtriser les éléments, franchir les mers et dominer la planète ; l'on admire la puissance de la nature humaine, même dans ces œuvres que l'on ne peut s'empêcher de détester. Et le second sentiment, c'est celui de l'étonnement en face de la maladresse avec laquelle ces qualités sont employées ; c'est de voir l'homme si inhabile en tout ce qui touche l'homme, venant, navigateur ou explorateur, en ennemi au lieu de venir en auxiliaire ; brisant les jeunes peuples qui eussent été, chacun dans son petit monde, l'instrument spécial ; et incapable de comprendre que les populations indigènes, faites à leur sol, acclimatées, adaptées comme les races d'animaux aux terrains qu'elles occupent, sont les instruments naturels — providentiels, monseigneur l'évêque d'Angers —, qui avaient été destinés à féconder et à faire valoir ce sol, et qui n'attendent, comme tous les instruments, que l'impulsion d'une main intelligente pour donner ce qu'ils peuvent donner.

Ces instruments, ces instruments vivants et sacrés, l'homme, comme un maladroit, comme un prodigue qui foule aux pieds les richesses qui lui ont été départies, croit

pouvoir les anéantir sans crime et sans dommage. Et à leur place il importe ici l'esclavage des nègres... (Applaudissements à gauche et à droite)... et, à la suite, toutes les
calamités, toutes les misères et toutes les infamies qui ont déshonoré et ensanglanté
jusqu'à nos jours la libre république des États-Unis elle-même. Ailleurs il fait de ces
terres, qu'il n'aurait tenu qu'à lui de fertiliser, des déserts arides et ensanglantés. Et au
lieu d'être un ami et un initiateur, au lieu de faire bénir le nom des peuples avancés et
de justifier par ses œuvres le droit d'aînesse dont il s'enorgueillit, il sème sous ses pas
la crainte, la misère, la stérilité ; il rencontre la guerre et la maladie ; et il recueille la
malédiction par-dessus le marché. J'ose concevoir pour la France un autre idéal. (Applaudissements prolongés à gauche et à droite.)

# Les faits qui se sont produits depuis quarante ans justifient-ils les conclusions du pamphlet de Bastiat, *Baccalauréat et socialisme* ?

## Société d'économie politique, réunion du 5 mai 1894.

En 1894, après un long développement du socialisme en France et des réformes diverses faites à l'enseignement public, la Société d'économie politique pose la question de l'actualité du texte de Bastiat, Baccalauréat et socialisme. L'enseignement classique élève-t-il en nombre des socialistes ? La suppression du baccalauréat est-elle toujours une réforme nécessaire et urgente ? Telles sont quelques-unes des questions posées par le débat.

(*Journal des économistes*, mai 1894.)

L'assemblée adopte comme sujet de discussion la question suivante, proposée par M. Léon Say :

LES FAITS QUI SE SONT PRODUITS DEPUIS QUARANTE ANS JUSTIFIENT-ILS LES CONCLUSIONS DU PAMPHLET DE BASTIAT : *BACCALAURÉAT ET SOCIALISME* ?

**M. Léon Say** rappelle qu'au lendemain de la révolution de Février et des journées de juin, il y a déjà quarante-quatre ans, les économistes et les esprits libéraux voyaient avec crainte, en se rappelant les tristes effets de la guerre civile et en cherchant à prévoir l'avenir, les progrès rapides que faisaient dans la jeunesse française les idées socialistes. Ils se demandaient si l'entraînement dont ils étaient les témoins attristés était dû à des causes sur lesquelles il était encore possible au législateur d'exercer une action utile. F. Bastiat considérait la nature de l'éducation publique donnée à la jeunesse comme la principale cause de ce désordre moral. Il se proposait de développer cette opinion devant l'Assemblée législative à l'occasion de la discussion qui se poursuivait de la loi sur l'instruction publique. Malheureusement — c'était en 1850 — il était déjà atteint de la terrible maladie à laquelle il devait succomber quelques mois plus tard — la phtisie laryngée — et sa voix ne lui permettait plus de parler à la tribune. Cependant la force de son esprit et l'éclat de son talent n'avaient subi encore aucune atteinte et il se préoccupait toujours avec la même passion de tout ce qui touchait aux intérêts sociaux de la France ; il ne cessait de penser à la jeunesse pour laquelle il conserva jusqu'à la fin de toute sa vie la plus tendre affection. C'est alors qu'il fit imprimer le discours qu'il aurait prononcé à l'Assemblée si l'état de sa santé le lui avait permis.

C'est ce discours, reproduit dans le recueil de ses pamphlets, que M. Say a pris pour texte afin d'ouvrir ce soir une discussion sur un sujet important, économique au premier chef, qui par la variété de ses aspects peut donner lieu à une certaine controverse parmi nous. Je puis donc espérer que quelques-uns de mes confrères voudront bien prendre la parole après que je leur aurai donné l'exemple et qu'ils discuteront les observations que je vais avoir l'honneur de développer devant eux.

Un grand nombre de nos amis suivent, dit-il, aujourd'hui, avec la même appréhension que faisait autrefois Bastiat, les mouvements qui se révèlent dans l'esprit de la jeunesse, mouvements qui, à beaucoup d'égards, ressemblent à ceux que notre grand économiste a analysés dans son discours de 1850. S'est-il produit depuis quarante-quatre ans des faits nouveaux ? L'émotion socialiste qu'éprouvait alors une partie de la jeunesse française dure-t-elle encore ou a-t-elle réapparu, après une éclipse d'environ un demi siècle, dans des conditions différentes ? Enfin, les causes de ces troubles d'esprit sont-elles, en 1894, de même nature que celles entrevues par Bastiat en 1850, et les remèdes dont il a recommandé l'usage à cette époque pour combattre la grave maladie morale qu'il avait sous les yeux vous paraîtront-ils avoir conservé assez d'efficacité pour être essayés en 1894 ?

J'ai des réserves à faire sur les conclusions du discours de Bastiat, mais je crois pouvoir constater aujourd'hui, comme agissant encore avec une force croissante et comme produisant des conséquences très analogues à celles du passé, les mêmes causes que Bastiat avait signalées de son temps. Il en avait trouvé le germe dans le système qui prévalait autrefois et qui prévaut encore aujourd'hui pour l'éducation et l'instruction de la jeunesse.

Et d'abord quel était le coupable que Bastiat considérait comme responsable ?

Le clergé apostrophait l'Université et ne cessait de lui dire : « C'est vous qui avez élevé la génération socialiste de 1848 », et les libéraux de répéter avec non moins de vivacité : « C'est vous qui avez élevé la génération révolutionnaire de 1793 ». Ils avaient raison tous les deux, selon Bastiat, parce que les deux enseignements, celui du clergé et celui de l'Université, étaient fondés sur la même base : c'est-à-dire sur la glorification de l'antiquité, dont la civilisation ne reposait que sur le culte de la force, et l'idolâtrie des vertus guerrières. Aussi Bastiat, sous cette forme vive et piquante dont il avait le secret, demandait-il au clergé ce qu'il avait fait de nos enfants. Quand le clergé avait le monopole de l'instruction, il ne songeait qu'à envoyer la jeunesse française vivre chez un peuple aussi éloigné de nous que possible, habitant aux antipodes, haïssant et méprisant le travail, ayant fondé tous ses moyens d'existence sur le pillage successif de tous ses voisins et sur l'esclavage de ses prisonniers de guerre et s'étant fait une politique, une morale, une religion, une opinion publique conformes à un principe brutal. La jeunesse française devait s'inspirer sans doute de ce peuple, mais elle ne devait pas en être corrompue parce que tous les jeunes Français étaient munis d'un petit volume appelé l'Évangile, qu'ils ne devaient jamais quitter et qui les préserverait de la contagion du mal.

L'Université succédant au clergé dans la possession du monopole n'a t-elle pas cependant agi avec la même imprudence ? Elle a envoyé à son tour notre jeunesse vivre chez ce même peuple des antipodes, mais pour la prémunir contre le mal, elle lui a confié un autre petit volume qui, celui-là, était intitulé *Philosophie*. On peut facilement deviner ce que pouvait devenir cette jeunesse pendant son séjour chez les brigands des antipodes ; le petit livre n'y a rien fait, pas plus celui de la Philosophie que celui de l'Évangile. La jeunesse a été pervertie par la vie qu'elle a menée au milieu du peuple chez lequel on l'avait envoyée.

Mais si les deux monopoles ont produit de mauvais effets on peut cependant se demander lequel est le plus dangereux du monopole de l'État ou de celui de l'Église.

Quand c'est l'État qui s'attribue le monopole, alors même qu'il consent, par un semblant d'abandon, à le partager avec des écoles libres, il en garde néanmoins tous les avantages parce qu'il se réserve la collation des grades et qu'il force les instituteurs de la jeunesse à jeter tous leurs élèves dans ce moule uniforme qui a nom baccalauréat, afin qu'ils y prennent l'empreinte romaine. La liberté de l'enseignement reconnue par la loi en droit et conquise en fait sur le clergé et sur l'État par la suppression de ce qu'il appelait le moule unique du baccalauréat, telle était la solution définitive que préconisait en 1850 Frédéric Bastiat.

Cette solution n'est pas celle de M. Léon Say. La liberté de l'instruction consolidée par la suppression des grades, perdrait bien vite son nom et se transformerait selon lui en très peu de temps en une intolérable et intolérante domination du clergé. Il n'y aurait pas, pour nous, une plus grande somme de liberté à côté de l'Église ; il y en aurait même moins qu'à côté de l'État, et on chercherait en vain plus de garanties contre les entraînements socialistes. L'Église ferait bien au contraire de nos jeunes gens, dans une proportion plus forte encore qu'aujourd'hui, des socialistes qu'on peut appeler, quoi qu'ils disent, des socialistes chrétiens, genre aussi dangereux que les socialistes sans épithètes, ou collectivistes, ou révolutionnaires, ou plutôt même beaucoup plus dangereux parce qu'ils sont habiles à s'insinuer sous des dehors respectueux auprès des conservateurs républicains ou autres, et qu'ils offrent de combattre, à leur profit et au besoin sous leurs ordres, la tyrannie révolutionnaire et l'anarchie.

Il y a peut-être quelque chose de plus à tenter que la suppression du baccalauréat, car la suppression du baccalauréat doit, dans l'opinion de M. Léon Say, garder la première place parmi les réformes à revendiquer. Il ne demande pas que la réforme soit brutalement imposée et vienne du dehors ; il lui suffit qu'elle soit entreprise avec le dessein de la mener à bonne fin. L'Université peut-elle se reformer elle-même, non seulement en abolissant ou en transformant les examens du premier degré, pour supprimer les baccalauréats, mais en modifiant les diplômes supérieurs, et en remaniant de fond en comble ses méthodes et le mode de recrutement de ses maîtres ? Elle a montré souvent qu'elle était capable de se perfectionner. Elle peut donc trouver dans son propre sein, cela est certain, les moyens d'assurer sa régénération par des mesures radicales.

La civilisation antique peut très bien ne plus être offerte à la jeunesse comme un type de civilisation plus admirable qu'aucun autre, et les beautés des langues anciennes, leur inimitable poésie, les produits d'un art qui atteignait à la perfection peuvent former le goût de la jeunesse et lui donner le sens du beau, sans l'obliger à payer ce trésor au prix d'une organisation sociale où le désordre est la loi, dont la force est la divinité suprême et où la justice ne peut prétendre à régner sur quelques citoyens libres qu'en déversant l'égout de l'humanité, ses misères et ses hontes, dans l'abîme de l'esclavage Rien n'excuse le désordre social des peuples, ni les arts, ni les lettres. N'est-il pas vrai, d'ailleurs, que l'art a fleuri au milieu des plus abominables désordres et dans des sociétés adonnées au plus hideux brigandage ? La Renaissance italienne en fournit une preuve plus facile à saisir parce qu'elle est plus rapprochée de nous que l'antiquité, et c'est une erreur que l'histoire ne cesse de relever que de confondre le siècle des lumières et des arts avec celui de la grandeur morale et politique. Ne défendons pas les mauvaises mœurs politiques par la valeur artistique de ceux qui en sont infectés.

La plus dangereuse école des mœurs politiques est celle des principes répandus dans l'Univers par la philosophie grecque et, tout divin qu'il soit, Platon, comme beaucoup de dieux de l'Olympe grec, a donné à l'humanité les leçons les plus démoralisantes et les moins soucieuses de la conservation de l'ordre social.

Qu'on se reporte à l'Essai de Macaulay sur Bacon, et on y lira avec quelle justesse d'expression et quelle hauteur de vue le grand historien a opposé le fondateur anglais de la méthode expérimentale au philosophe idéaliste de la Grèce.

Platon ne se plaît que dans les hautes conceptions métaphysiques. Tout ce qui n'est qu'humain lui paraît bas. Écoutez, en effet, comment il parle de la grandeur et de l'utilité des sciences : L'arithmétique est pour lui une science dont aucune autre science ni aucun autre art ne peuvent se passer, dont les marchands et les négociants se servent pour leurs ventes et leurs achats, mais qui est méprisable si elle conduit à des applications utiles. Ce qui fait sa gloire, c'est qu'elle nous permet de contempler les propriétés des nombres et d'y trouver l'expression des vérités dont la hauteur dépasse de beaucoup celle de l'humanité. L'astronomie ne doit pas avoir pour objet d'aider les navigateurs dans leurs voyages, ou les agriculteurs dans leurs champs, elle a un but plus élevé, c'est de révéler à l'âme les mouvements célestes et de faire de la beauté du ciel le symbole de la beauté idéale. La géométrie se dégrade quand elle s'abaisse à des applications mécaniques, et le grand mécanicien Archytas, qui a fait ces admirables machines que M. Léon Say ne connaît pas et dont peut-être son savant confrère et voisin, M. Levasseur, a quelque notion, s'est avili, à en croire Platon, quand il a abandonné les sommets d'où il contemplait la vérité abstraite, essentielle, éternelle, pour se faire charpentier ou charron, et le divin philosophe eût loué Archimède, s'il est vrai, comme on l'a prétendu, qu'Archimède était à moitié honteux de ses admirables inventions.

Bacon, au contraire, n'estimait la géométrie que parce qu'elle avait des applications utiles. Il voyait dans la science l'auxiliaire de ceux qui cherchaient à améliorer le sort de l'humanité, et ce qu'il craignait par-dessus tout, c'était d'encourager les hommes de talent à employer, dans de pures spéculations de l'esprit, des moments de leur vie qu'ils pouvaient mieux employer à augmenter l'empire de l'homme sur la matière.

Toute cette discussion de Macaulay n'est-elle pas la condamnation la mieux justifiée de cette métaphysique si chère à la race française, qui séduit si fréquemment notre jeunesse et dont le goût pénètre même parmi ceux qui, par leur peu de culture et leur ignorance de l'histoire philosophique, semblent le moins aptes à la comprendre ?

M. Bourdeau, dans un article qui a paru ce matin même dans la *Revue Bleue,* cite des passages remarquables d'une étude publiée en 1892 par la *Revue Scientifique* et qui est signée du nom de M. Léon Dumont.

« L'université, dit M. Dumont, a dans nos désastres plus d'un reproche à s'adresser. C'est elle, avec sa métaphysique et son culte exagéré de la forme, qui entretient cette disposition aux illusions et aux utopies dont nous avons tous été dupes à un certain âge... L'Angleterre a trouvé, jusqu'à présent, un remède contre ces écarts de l'imagination, dans la culture de l'économie politique et dans une philosophie plus expérimentale que la nôtre. »

L'esprit d'utopie méprise le réel, n'admet que l'impraticable. Il détruit le sens du possible et ne sait pas accorder l'amour du progrès scientifique avec l'affirmation de l'immuable dans les lois de la nature et de l'humanité. Gœthe disait à Eckerman : « Tandis que les Allemands se torturent pour résoudre des problèmes philosophiques, les Anglais, avec leur gros bon sens, se moquent de nous et conquièrent le monde ». Et M. Bourdeau remarque que l'accroissement politique de la nation allemande a coïncidé avec la décadence de sa métaphysique.

La France a cru que c'était l'instituteur allemand qui l'avait vaincue en 1870 ; elle s'est figuré que c'était le bagage métaphysique soigneusement enfermé par le soldat allemand dans son sac qui lui avait fourni les moyens d'arriver à Paris jusqu'au cœur des Champs-Élysées, et les professeurs français ont jugé qu'ils ne pouvaient faire d'œuvre plus patriotique que de s'emparer de ce bagage et de le conserver soigneusement dans leurs écoles.

Avec la suppression du baccalauréat, la réforme de l'enseignement philosophique dans les hautes écoles où l'Université prépare les maîtres de la jeunesse devient une nécessité pressante. Il faut bannir de notre horizon cet amour de la poésie mystique qui fait rage, et qui, par réaction contre le réalisme vulgaire et ordurier, s'empare de plus en plus de l'esprit de nos jeunes gens.

Donner aux choses leur juste valeur et les voir comme elles sont, c'est faire acte de citoyen ; les voir comme elles sont cela ne veut pas dire qu'il faille s'immobiliser dans la contemplation des hontes de la nature humaine et s'évertuer à donner à la langue française ces maladies nerveuses qui comptent au nombre de nos misères et qui, en gâtant la langue, nous portent à confondre les phrases avec les vérités. Il faut voir ce qui est, en limitant nos observations aux personnes et aux choses, en bon état de santé physique et morale.

Il y a, dit-on, une nouvelle science dite de *l'Évolution,* qui mène l'histoire, au dire des évolutionnistes, et qui n'est en réalité qu'une des formes du fatalisme. L'évolution historique, comme l'évolution des espèces animales et végétales, nous conduirait irrémédiablement, paraît-il, d'une civilisation à une autre, et de prétendus penseurs, nourris de ce qu'ils disent audacieusement être une philosophie, nous condamnent à une mort sociale d'où nous ressusciterons sûrement dans un état social nouveau et meilleur. Il est inutile de résister, à ce qu'il paraît ; aucun effort humain n'est capable d'arrêter le cataclysme. Comment se fait-il donc que les historiens issus de ces écoles, d'où la métaphysique n'a pourtant pas encore banni l'étude des faits du passé, ne rappellent pas aux prophètes du jour que dans aucun siècle l'action personnelle de certains hommes qui se sont emparés de la conduite des nations ne s'est montrée plus capable de changer le cours de l'histoire, depuis Napoléon I<sup>er</sup> jusqu'à des hommes d'État appartenant à notre génération ? Et comment peut-on voir un principe historique ou philosophique au fond d'une prédication politique dont les orateurs ne se disent pas attachés à un principe supérieur, mais ont soin, comme il arrive tous les jours dans des réunions dont les échos nous assourdissent, de se dire les sectateurs d'un homme, les uns se disant allemanistes, d'autres broussistes ou guesdistes, pour bien montrer sans doute que c'est par un chef bien choisi qu'une armée remporte la victoire et que la fortune de la guerre ne récompense pas fatalement ceux que le destin a mis par hasard à la tête des troupes.

Comment peut on espérer que l'amour de la réalité et le mépris de la chimère pénètrent les jeunes esprits, si les philosophes continuent à les nourrir d'illusions métaphysiques et les conduisent dans un puits, en fixant obstinément leurs regards sur ce qui est le plus éloigné de la terre ? N'est-il pas triste de penser qu'il est de mode de confier les chaires d'économie politique aux métaphysiciens dans le but louable, sans doute, de leur apprendre l'économie politique en la leur faisant enseigner. L'économie politique est la servante de la philosophie, peut-être parce que le bon sens doit être le serviteur de la spéculation mystique.

Les Facultés de nos académies se recrutent parmi les gradués, et les diplômes marquent, cela est naturel, les talents à tout faire.

Ni Jean-Baptiste Say, ni Dunoyer, ni Bastiat, ni Michel Chevalier n'auraient pu enseigner l'économie politique dans une Faculté, et parmi les vivants, ni Frédéric Passy, ni tant d'autres qu'honorent justement les jeunes gens épris de l'économie politique ne pourraient non plus leur enseigner, du haut d'une chaire universitaire, la science à laquelle ces maîtres doivent leur renommée. — J'entends dire auprès de moi, dit l'orateur, qu'on leur pardonnerait peut-être d'être économistes si l'Institut leur ouvrait ses portes. Heureuse concession !

Pour conclure, M. Léon Say cherche à s'inspirer des idées de Bastiat, tout en prenant des précautions contre un autre monopole de fait, qui serait plus dangereux que n'a jamais pu l'être celui de l'Université. Il considère que le socialisme est puissamment aidé par l'organisation des Facultés de l'Université, les méthodes de leur enseignement, et le recrutement de leurs professeurs.

La suppression du baccalauréat s'impose ; l'Université la prépare. Puisse-t-elle y réussir promptement ! Les réformes des études philosophiques dans les hautes écoles est nécessaire ; elle serait accélérée par la concurrence dans le recrutement des professeurs et la modification des concours d'agrégation par la transformation ou la suppression des diplômes. Le temps n'est plus où l'on pouvait dire que les peuples ne seront heureux que lorsque les philosophes seront rois, et si quelques économistes pénétraient dans la maison des philosophes, l'Université ne préparerait peut-être pas aussi bien la jeunesse aux utopies socialistes. Il y a des lycées dont les professeurs sont les chefs du parti socialiste de la ville, qui font du socialisme pratique dans le Conseil municipal où ils se sont fait élire, et de la propagande socialiste dans la rédaction des journaux révolutionnaires. Il y en a un où ces scandales se produisent et où on peut mesurer le progrès accompli depuis quarante ans, car les plus vieux d'entre nous ont connu, dans une des chaires si singulièrement occupée aujourd'hui dans un de ces lycées, un des membres les plus distingués de notre Société d'économie politique, et un auteur dont les productions économiques ont le plus honoré les sciences que nous cultivons.

Les réformes que M. Léon Say appelle de tous ses vœux sont aujourd'hui à l'étude dans les Assemblées politiques, dans la presse, dans le sein même de l'Université. Puisse l'esprit de la vieille économie politique libérale inspirer ceux qui les préparent !

**M. Ducrocq** constate avec plaisir que M. Léon Say, au lieu de reproduire les conclusions radicales du pamphlet de Frédéric Bastiat, vient de faire appel non aux suppressions, mais aux réformes. Ce doit être le véritable terrain de cette discussion. Bien des réformes ont été accomplies depuis que Bastiat réclamait la suppression du baccalauréat et de tous les grades universitaires. Elles sont telles que Bastiat lui-même ne tiendrait vraisemblablement plus le même langage aujourd'hui. Mais d'autres améliorations sont encore possibles et désirables : elles seront bien autrement profitables au bien public que les suppressions autrefois réclamées.

Bastiat, dans la discussion de la loi sur l'enseignement public, avait soumis à l'Assemblée nationale un amendement demandant « la suppression des grades universitaires ». L'état de sa santé ne lui permettant pas de soutenir son amendement à la tribune, il a écrit son pamphlet pour rem-placer le discours qu'il voulait prononcer. Il est douteux qu'il eût pu tenir à la tribune le même langage. Puisqu'il réclame la suppression des grades, il devait tout d'abord établir que l'État n'a ni droit, ni intérêt, à leur maintien. Il devait reconnaître que les grades universitaires ne sont pas exigés des aspirants aux carrières commerciales, industrielles, agricoles ; qu'ils ne le sont que des aspirants aux fonctions publiques ou aux carrières auxiliaires, comme le barreau, ou important à la santé publique comme la médecine. Bastiat devait à sa thèse de démontrer que, pour ces fonctions et professions, l'État n'a pas le droit d'exiger des garanties de capacité et d'imposer l'obtention des grades ; qu'il n'y a pas d'intérêt social à maintenir ces exigences. Or, le pamphlet de Bastiat garde sur ces points essentiels le plus complet silence.

Au lieu de la démonstration qu'il assumait l'obligation de faire, il s'attache à démontrer avec une sorte d'acharnement étroit que le peuple romain n'aurait jamais été, à toutes les périodes de son histoire, qu'un *peuple de brigands et d'esclaves.* L'antiquité grecque n'est pas mieux traitée que l'antiquité romaine. Il faut arriver à la 60ᵉ et dernière page de son pamphlet pour y trouver un mot d'hommage aux chefs-d'œuvre de la Grèce et de Rome. Ce mot alors détonne. Il semble écrit après coup, pour atténuer l'effet de tout ce qui précède.

Avec le même parti pris il impute au baccalauréat d'avoir fait le succès relatif des idées socialistes en 1848.

Nous allons voir, dit M. Ducrocq, puisque la question est reprise au moment où nous sommes, si c'est parmi les bacheliers que se recrute l'armée socialiste de nos jours.

D'abord, dit-il, nous doutons que Bastiat tînt aujourd'hui le même langage qu'autrefois, en raison des réformes successives, considérables, accomplies dans la législation universitaire. Bastiat s'élevait (et sur ce point il avait raison) contre l'unité des programmes, contre le tort d'exiger pour des carrières différentes les mêmes études et une égale connaissance des lettres antiques. Voilà ce qu'il importe de conserver du pamphlet de Bastiat. Là où il est dans le vrai. Il faut dégager cette vérité des exagérations et des erreurs qui l'obscurcissent.

Mais, sur ce point, satisfaction a été donnée à Frédéric Bastiat.

M. Duruy, en créant l'enseignement secondaire spécial, devenu l'enseignement moderne, a brisé l'unité du baccalauréat et des programmes. Il a déposé dans la législation de l'instruction publique le germe fécond des réformes les plus importantes au point de vue social. Il a suffi dès lors d'en déduire les conséquences. Elles apparaissent déjà dans l'utile variété des baccalauréats, des licences, des doctorats.

La situation n'est plus ce qu'elle était à l'heure où écrivait Bastiat.

M. Ducrocq n'a jamais cru, d'ailleurs, que l'ancien régime du baccalauréat fût coupable du socialisme de 1848. Mais est-il possible de rendre les baccalauréats multiples de nos jours responsables du mouvement socialiste d'aujourd'hui ?

Rechercher les causes de ce mouvement mènerait bien loin. Mais personne ne prouve que l'état actuel des études y soit pour quelque chose.

Il ne suffit pas, en effet, pour faire cette preuve, de constater que des professeurs, soit de l'enseignement secondaire, soit même de l'enseignement supérieur, sont élus députés sur des programmes socialistes. On en pourrait citer de plus nombreux dans les rangs opposés. D'ailleurs qui ne sait qu'en ce qui concerne des chefs de partis, ou ceux qui prétendent le devenir, souvent les places vides, et une foule de circonstances personnelles, parfois d'évolutions individuelles, expliquent les attitudes des hommes politiques.

Au lieu des chefs ou prétendus tels, ce sont les troupes qu'il faut envisager. Or, n'est-ce pas dans les centres industriels, dans les ateliers, dans les milieux ouvriers où le baccalauréat ne pénètre guère, que cette armée s'est formée ? Les orateurs des partis socialistes cherchent bien aussi à conquérir les électeurs des campagnes et la jeunesse de nos écoles. Leur langage est loin d'être le même dans ces milieux divers ; et qu'a-t-on vu dans les réunions publiques auxquelles étaient convoqués les étudiants de nos facultés, c'est-à-dire des bacheliers ? L'orateur socialiste, connaissant bien l'attachement de cette jeunesse aux principes de la Révolution française, s'appliquait surtout à présenter le socialisme comme le développement logique de ces principes ; et ce sont des étudiants, des bacheliers et des licenciés qui loin de se laisser séduire par cette argumentation, bien choisie si la base en eût été fondée, ont dénie à l'orateur socialiste le droit de se prévaloir de la Révolution française qui a consacré en même temps le principe de liberté et le droit de propriété, dont les doctrines socialistes constituent la négation.

La jeunesse de nos Écoles n'appartient pas au socialisme ; elle lui résiste et le réfute.

C'est donc ailleurs que dans le baccalauréat qu'il convient de rechercher les causes du mal. Ce n'est pas à dire pour cela que de nouvelles réformes ne doivent pas s'ajouter à celles déjà réalisées dans le même sens et dans le même esprit.

Les divers baccalauréats consacrent des études d'enseignement secondaire. Ils doivent tous, en outre, pouvoir trouver leur couronnement dans les études d'enseignement supérieur. Le baccalauréat de l'enseignement moderne manque encore de ce couronnement.

On exige toujours le baccalauréat de l'enseignement classique (c'est-à-dire les études latines et grecques) pour le doctorat en médecine, pour la licence et le doctorat en droit. C'est surtout sur ces points que de nouvelles réformes peuvent être accomplies.

Les Facultés de droit viennent d'être consultées par le ministre de l'Instruction publique sur la réforme du doctorat en droit. Plusieurs d'entre elles, et notamment la Faculté de droit de Paris, viennent d'émettre l'avis qu'à côté du doctorat de droit privé (droit romain, droit civil et histoire du droit privé), il y eût, sans aucune épreuve de droit romain, un doctorat ès sciences politiques (droit public interne et externe et son histoire, économie politique et histoire des doctrines économiques, science et législation financières, économie et législation industrielles).

Quand cette importante réforme sera réalisée, pourquoi les bacheliers de l'enseignement classique ne pourraient-ils pas brillamment conquérir le doctorat en droit sous cette nouvelle forme ? Ce n'est qu'un exemple des réformes possibles sans négation ni suppression.

M. Ducrocq est convaincu que Frédéric Bastiat y applaudirait comme les présidents et tous les membres de la Société d'économie politique.

**M. Léon Say** fait remarquer avec une certaine ironie que ces mêmes facultés, qui aujourd'hui se vantent tant de donner une place à l'enseignement économique, n'auraient jamais voulu admettre à y professer des économistes comme Jean-Baptiste Say, Bastiat, Paul Leroy-Beaulieu et d'autres dont le nom est sur toutes les lèvres.

**M. Jacques Siegfried** pense que le développement du socialisme provient en grande partie de ce que, d'une part, l'instruction donnée à tous les degrés en France engendre de grandes aspirations et un désir exagéré de jouissances et de bien-être, tandis que, d'autre part, cette instruction ne nous met pas à même de satisfaire à ces besoins en gagnant suffisamment notre vie. L'éducation française dirige la jeunesse vers les carrières dites libérales et vers le fonctionnarisme à tous les degrés dont la sphère est évidemment limitée par nos frontières mêmes, tandis que nous ne développons pas assez le goût du commerce et de l'industrie dont le champ d'action est pour ainsi dire illimité et s'étend en tous cas sur le monde entier.

Néanmoins il serait injuste de dire que l'Université n'a fait aucun progrès dans ce sens, et M. Siegfried rappelle l'institution de l'Enseignement moderne, les Écoles primaires supérieures professionnelles ou commerciales, enfin le développement remarquable des Écoles de commerce et d'industrie. Les effets ne suivent pas immédiatement les causes, le temps est nécessaire pour consacrer les progrès et M. Siegfried est persuadé que l'influence de cette modification dans les tendances de l'enseignement ne tardera pas à produire d'excellents résultats.

**M. Frederiksen** désire comparer le continent de l'Europe aux pays anglo-saxons, où l'éducation est moins favorable au socialisme. Les États-Unis et l'Angleterre ne se distinguent nullement par une instruction plus spéciale et plus directement adaptée à la vie pratique ; au contraire, la règle est que les universités y donnent plutôt une instruction générale. Celle-ci a cet avantage qu'elle est utile pour tous, et non pas seulement pour ceux qui veulent devenir fonctionnaires d'État. Mais elle est en même temps plus utile pour ceux-ci ; on forme de meilleurs juristes, etc., en leur donnant la plus solide éducation générale. En se rappelant son expérience personnelle, depuis l'école jusqu'au temps où il enseigna comme professeur de Faculté à l'Université de Copenhague, M. Frederiksen trouva toujours que la faute principale consistait en ce que des professeurs, sans capacité suffisante, laissaient les étudiants perdre leur temps dans l'étude de spécialités qu'il faudrait réserver aux livres au lieu d'en farcir les têtes.

Comme méthode, les Américains et les Anglais suivent, mieux que les Européens du continent, la règle de Socrate qui voulait que l'on excitât les élèves à penser et à travailler par eux-mêmes.

Si on lui demande s'il veut conserver les études classiques et les mathématiques avec toute l'extension qu'elles ont en Angleterre et en Amérique, l'orateur répond : Non. Il veut conserver et même étendre l'instruction générale, qui a pour but de développer l'ensemble des facultés au lieu de donner des connaissances supposées immédiatement utiles ; mais il reconnaît qu'il y a, pour arriver à ce résultat, d'autres routes que celles des études classiques ou des mathématiques. C'est aussi le système qu'on introduit maintenant dans les meilleures universités américaines, ainsi qu'en Angleterre, dans les examens publics pour le service civil, les Indes, etc. Il donne comme exemples certains groupes de cours économico-politiques de l'Université de Harvard existant à côté d'un grand nombre d'autres, entre lesquels on peut choisir, mais qui tous ont pour but principal l'éducation générale, et non pas l'acquisition de connaissances spéciales.

L'éducation la plus solide, la moins superficielle, est celle qui engendre le moins de socialistes.

**M. Raphaël-Georges Levy**, qui s'était inscrit pour prendre la parole, y renonce devant le nombre d'orateurs qui doivent encore parler. Il émet seulement l'espoir que si un économiste arrivait un jour au ministère de l'Instruction publique, il donnerait peut-être à l'économie politique la place qu'elle mérite de tenir dans notre enseignement national.

Cette espérance trouve peu d'écho parmi les membres de la réunion.

**M. des Essars** est persuadé, comme M. le Président Léon Say, que le baccalauréat et les études telles qu'elles sont comprises sont une cause active de l'extension du socialisme. M. des Essars a, pendant de longues années, observé les bacheliers au moment critique où ils doivent gagner leur vie avec les moyens insuffisants que l'instruction classique met à leur disposition. Il a vu ces jeunes gens appartenant en grand nombre à des familles peu fortunées dont le système des bourses distribuées avec prodigalité et sans discernement avait fait des bacheliers ignorants de toutes choses, se ruer vers les fonctions les plus humbles, les plus mal rétribuées comme celles de maîtres d'études. Leur éducation a excité en eux les plus vastes ambitions. La vie ne les réalise pas, les modestes se soumettent, les autres jugent mal faite la société au sein de laquelle ils souffrent et ils rêvent de la bouleverser à leur profit, voilà les socialistes. Le Bachelier de M. Jules Vallès ne laisse aucun doute sur ce point.

M. des Essars voit au baccalauréat et à tous ces examens qui prennent l'homme dès l'enfance pour ne le laisser tranquille qu'au seuil de l'âge mûr, les plus graves inconvénients pédagogiques et sociaux. Les candidats emploient toutes leurs forces, toutes leurs facultés à préparer leurs examens, c'est-à-dire à s'assimiler tant bien que mal les idées d'autrui, ils ne voient les choses qu'à travers l'esprit des autres. Après tous ces efforts que reste-t-il pour la pensée propre ou la recherche personnelle ? Enfin si l'on a eu la chance de passer à 20 ou 25 ans tel examen déterminé qui ouvre telle carrière, on peut à peu près impunément en rester là, les choses sont tellement disposées qu'on juge l'homme non sur ce qu'il fait, mais sur ce qu'il a fait il y a trente ans. On a des exemples de postes importants confiés à des incapables par la seule raison que dans leur première jeunesse ils avaient obtenu un bon rang dans un concours. Pour toutes ces raisons M. des Essars est énergiquement partisan de la suppression du baccalauréat.

**M. Limousin** n'entrera pas dans l'examen du côté universitaire du sujet, il se bornera à examiner la question de savoir si l'instruction classique, reposant sur les lettres anciennes, a pour effet de former des socialistes. Il lui semble qu'au contraire, il y a opposition entre la littérature grecque et latine, et le socialisme. Ainsi que l'a dit M. Léon Say après Frédéric Bastiat, la littérature antique est pleine de descriptions de guerres et des massacres entre les peuples, tandis que le socialisme, s'il est quelquefois révolutionnaire et pousse à la guerre civile, est absolument adversaire des luttes internationales, dans lesquelles, dit-il, ce sont les peuples qui souffrent pour l'unique profit d'une aristocratie militaire. Cette littérature, ainsi que l'a également dit M. Léon Say, fait l'apologie d'une société fondée sur l'esclavage des travailleurs, tandis que les socialistes s'efforcent ou croient s'efforcer pour l'émancipation des travailleurs d'un état social dans lequel ils voient un reste de cet esclavage. Il faut donc être animé d'un singulier parti pris, qu'explique seule l'ardeur de la lutte, pour reprocher aux socialistes une tendance qui est juste le contraire de la leur.

On peut dire, avec plus de raison, que l'instruction classique, ne préparant pas les jeunes gens aux carrières industrielles et commerciales, en jette un grand nombre dans les emplois de l'État, les dispose à penser que tout peut être fait par l'Etat, et comme le principe du socialisme c'est l'action de l'autorité sociale, c'est-à-dire de l'État, il y a là, dans une certaine mesure, du socialisme.

Il faut cependant faire une distinction : c'est plus vers l'étatisme et le mandarinat que vers le socialisme proprement dit que porte l'instruction classique.

On fait remarquer que la plupart des chefs du socialisme dans la presse et dans le Parlement sont des produits de l'instruction universitaire, des lettrés. Cela n'a rien de surprenant, les universitaires étant à peu près les seuls que leur culture prépare à l'émission des idées par la plume ou par la parole ; socialistes pour des raisons qui n'ont rien à voir avec leur instruction, ils deviennent naturellement les porte-paroles, les chefs de leur parti. Pour un certain nombre d'entre eux, le socialisme est une carrière, une forme de la carrière politique.

Ces fonctionnaires de la carrière socialiste sont sincères ou ne le sont pas ; mais, sincères ou non, ils sont soumis à la condition première de la démagogie, ils doivent plaire à ceux qui les ont fait ce qu'ils sont et qui les y maintiennent. Or, comme ces mandants sont, en immense majorité, ignorants, les hommes instruits qui les représentent sont obligés pour leur parler et pour parler en leur nom de se mettre à leur niveau, d'exprimer des idées, de formuler des programmes qu'ils peuvent quelquefois trouver *in petto* au moins inapplicables. C'est là la condition *sine qua non* pour conserver la fonction. Ce n'est donc pas en qualité d'universitaires, de lettrés que ces hommes sont socialistes ou, pour parler plus exactement, communistes, c'est en qualité de politiciens.

Abordant la question du programme de l'enseignement secondaire et supérieur, M. Limousin s'associe aux critiques de MM. Léon Say et Siegfried. L'enseignement secondaire en France a, jusqu'à ce jour, été combiné pour faire des rentiers, des fonctionnaires, des avocats, et non des industriels, des agriculteurs et des commerçants. La grande cause du mal est d'ailleurs le système du monopole, qui conduit à l'uniformité. M. Léon Say reconnaît ce mal, mais il craint que si l'on y portait remède par la suppression de l'université d'État, il n'en résultat un mal plus grand. Il craint qu'une puissance morale qui dispose d'une énorme influence et de ressources abondantes ne substitue rapidement un nouveau monopole à celui qu'on aurait renversé, et un monopole plus dangereux. M. Limousin ne partage pas ces craintes. Il ne croit pas que l'esprit d'initiative et d'association soit éteint en France : il est simplement comprimé par l'étatisme jacobin qui prévaut depuis la Révolution.

Le jour où il n'y aurait plus une forme officielle de l'instruction, ou les méthodes et les programmes ne dépendraient plus exclusivement de l'esprit conservateur, progressiste ou réactionnaire du mandarinat enseignant, où il faudrait attirer les élèves en donnant satisfaction aux visées des parents, où les pères seraient obligés de se décider à l'avance sur les carrières de leurs fils et la préparation nécessaire, au lieu de s'en rapporter à l'État, les choses changeraient.

La liberté n'empêcherait pas l'État d'intervenir soit en reconnaissant aux universités le droit de posséder et de se constituer une fortune qui leur permettrait d'accueillir des élèves pauvres, soit en les dotant au début, soit en les subventionnant par le paiement de l'écolage de certains boursiers, qui auraient librement choisi leur école ; soit, enfin, en les surveillant, au nom de l'intérêt supérieur de la société.

En ce qui concerne le baccalauréat et les autres diplômes, M. Limousin n'en est point l'adversaire, à la condition qu'ils deviennent de simples certificats d'études attestant le travail de l'élève, mais n'ouvrant aucune carrière, ne conférant aucun droit.

Au fond, les grades universitaires n'ont d'autre utilité que de constituer un mandarinat monopoleur qui se défend contre l'envahissement des non diplômés.

En résumé, M. Limousin est d'avis que Bastiat a complètement fait fausse route en écrivant son pamphlet : *Baccalauréat et Socialisme.* Le socialisme n'est pas le fruit de l'éducation classique et de la culture des lettres anciennes. Le socialisme, qui est une aspiration plus ou moins précise, veut l'amélioration de l'organisation sociale, se concilie fort bien avec la doctrine de la liberté de l'enseignement par des corporations autonomes, précautions prises pour que l'instruction ne devienne pas le privilège des riches. Le socialisme, essentiellement démocratique, est adversaire du système des grades qui constitue dans le pays un mandarinat gouvernant, une véritable aristocratie.

**M. Claudius Nourry** voudrait prendre la défense de Bastiat. *Baccalauréat et Socialisme* n'est pas une œuvre sénile, quoi qu'en pense M. Ducrocq. Ce pamphlet — puisque pamphlet il y a — est marqué d'une observation puissante et il est aussi bien d'actualité aujourd'hui qu'il l'était il y a quarante ans. On a voulu en restreindre le sujet à la suppression des grades. Ce point n'est pas le plus important. Si Bastiat s'élève contre les grades, c'est une façon détournée mais qui frappe mieux, de s'élever contre l'esprit de l'enseignement, le *conventionnalisme classique*, pour employer l'expression du savant économiste. Or, il suffit de regarder autour de soi pour se convaincre que, aujourd'hui comme alors, « la jeunesse où se recrutent la littérature et le journalisme, au lieu de chercher à découvrir et à exposer les lois naturelles de la société, se borne à reprendre en sous-œuvre cet axiome gréco-romain : *l'ordre social est une création du législateur* ». Cet axiome et cet autre : *la loi crée les droits* sont assurément les germes qui, dans les cerveaux ardents et rêveurs élevés dans l'ignorance et le mépris des faits, donnent naissance au socialisme.

Il y en a un autre qui est l'idée de providence développée par l'idée religieuse et entretenue par l'atavisme religieux. Bastiat constatait que l'Église et l'Université se jetaient mutuellement à la tête l'accusation d'être la cause du développement du socialisme, la première par son Évangile, la seconde par sa philosophie qui résume le conventionnalisme classique. Bastiat insiste surtout sur la part de l'Université. Mais la part des deux est égale. Du moment que *la loi crée les droits* elle est toute-puissante. Elle est la providence ou la dispensatrice de la justice sociale. Les lois naturelles n'existent pas. Et ainsi que le dit fort bien Bastiat, l'homme imbu de cette idée considère la société comme une pâte molle qu'il croit pouvoir et veut façonner à son gré.

Là est incontestablement l'écueil. Bastiat le signalait. Ce qu'il disait alors est aussi juste aujourd'hui. On a été bien injuste, au cours de cette discussion, à l'égard de Bastiat. On a dit, parce qu'il réclamait la suppression des grades, qu'il réclamait la suppression de l'Université. C'est une accusation gratuite et l'existence de l'enseignement de l'État comme de tout autre enseignement n'est pas subordonnée à l'existence des grades. Par contre le grade ne signifie rien. Pasteur qui a fait les plus grandes découvertes de la médecine contemporaine n'est pas docteur en médecine. Ce qu'il faut, c'est le concours à l'entrée de la carrière afin de donner, dans certaines professions qui exigent une garantie comme la médecine, la certitude que celui qui veut exercer cette profession en est capable. Pour cela, le grade est de trop.

On a parlé des solutions à donner à cet état de choses. M. Lévy a dit que si l'on mettait un économiste au ministère de l'Instruction publique, la question serait résolue. C'est une opinion contestable. En même temps que, de nos jours, se développe le socialisme, les chaires d'économie politique se multiplient. Ce qu'il faudrait, c'est abolir les grades, faire sortir de l'enseignement l'esprit de conventionnalisme classique tant combattu par Bastiat et le remplacer par un enseignement positif et utile. Il faudrait entrer dans la voie si bien tracée par M. Levasseur dans sa rénovation de l'enseignement géographique. Il faudrait remplacer le latin et le grec par des langues vivantes. Il faudrait enfin avoir de l'économie politique une autre notion. L'on considère l'économie politique comme une science morale et non naturelle. Au lieu d'y voir une science, comme la physique, ayant pour objet d'observer les phénomènes sociaux, on y voit un moyen d'échafauder des théories personnelles en assemblant les faits à sa façon, en y apportant des conceptions étrangères de morale ou de philosophie que le physicien n'a pas. Un homme tombe d'un échafaudage et se tue en vertu de la loi de la pesanteur. Le physicien constate le fait et le déplore sans même se demander si le fait est juste ou immoral. En économie politique, on devrait faire ainsi. Quant à Bastiat et à son pamphlet, ils ont l'un et l'autre raison.

La liaison que l'auteur des *Harmonies économiques* établissait, dit M. Rene Worms, entre le baccalauréat et le socialisme est-elle donc aussi exacte qu'on l'a dit ? Nous ne saurions le penser. Les deux raisons qu'il donnait de ce lien nous semblent erronées. Le lien existe pourtant, mais c'est d'un troisième côté qu'il le faut chercher.

En se rendant maître des examens, l'État, dit Bastiat, fait du socialisme. Il semble en effet, au premier abord, que ce droit de fixer les capacités de chacun ne rentre pas dans les attributions légitimes de l'État. Mais notons qu'aucun diplôme n'est exigé du producteur agricole, industriel ou commercial ; des examens ne sont imposés qu'à ceux qui veulent remplir des fonctions publiques (magistrats, professeurs de l'État, ingénieurs, officiers), ou qui sont les auxiliaires de la justice (avocats et officiers ministériels), ou qui détiendront (comme médecins ou pharmaciens) le soin de la santé publique. Et il est vraiment bien juste que l'État s'assure que ceux-là possèdent un minimum d'instruction professionnelle ? La question serait seulement de savoir si, pour être admis à faire preuve de cette capacité spéciale, la production du diplôme de bachelier devrait être exigée. Pourtant, même sur ce point, nous ne voyons pas de raison bien sérieuse pour renoncer à la pratique actuelle. L'instruction technique exigée pour les professions dont nous parlons ne peut être donnée que dans les facultés et écoles spéciales, et il semble rationnel d'exiger, de ceux qui veulent entreprendre des études supérieures, la preuve qu'ils ont fait des études secondaires au moins passables. Il est donc légitime que l'État institue à cet effet des examens. Et il l'est aussi qu'il donne lui-même l'instruction d'abord à cette catégorie d'enfants qui n'en recevrait aucune au foyer domestique, puis à ceux que leurs auteurs se décident librement à lui confier. L'expérience d'ailleurs démontre qu'il la donne avec une largeur de vues et un désintéressement bien plus grand que ne peuvent le faire les établissements privés. Il y a eu sans doute depuis vingt ans d'utiles initiatives prises par des écoles libres et laïques d'enseignement secondaire ou supérieur : on leur a dû l'introduction de méthodes ou d'études nouvelles ; mais l'État a bien vite suivi le mouvement, il a introduit ces améliorations dans ses propres établissements, et il leur a ainsi donné plus de portée et de force. D'ailleurs, les partisans les plus déterminés de la liberté d'enseignement peuvent-ils demander que l'État ferme du jour au lendemain ses maisons d'instruction qui ont coûté si cher et qui rendent, en somme, tant de services ? Et, s'il ne le fait pas, n'est-il pas légitime qu'il veuille, non seulement laisser vivre ces maisons, mais les faire vivre et pour cela qu'il cherche à les perfectionner, donc à les développer sans cesse ?

Ainsi le fait par l'État d'examiner et d'enseigner n'est point du socialisme ou du moins ce n'est pas du socialisme blâmable. Y aurait-il donc péril socialiste dans le deuxième fait incriminé par Bastiat, dans le fait que les lettres gréco-latines forment la base de cet enseignement et de ces examens ? En admettant que ce fait fût exact, nous ne croirions pas établie, dit l'orateur, la conséquence qu'il en veut tirer, car nous ne voyons pas que la littérature romaine soit imbue de socialisme. Rome sans doute était un État militaire tandis que nos États modernes sont d'ordinaire construits sur le type industriel. Mais on sait assez que l'industrialisme actuel n'est pas l'ennemi du socialisme, bien au contraire, et on ne voit pas davantage que le militarisme romain fût l'ennemi de l'individualisme. La propriété privée a-t-elle été quelque part plus fortement établie qu'à Rome où elle dérivait précisément de l'appropriation du butin ? L'individualisme le plus caractérisé, le plus excessif peut-être ne régnait-il pas à Rome et aussi en Grèce à l'âge de la littérature classique ? Les lettres gréco-latines ne sont donc pas un véhicule du socialisme. Est-ce à dire qu'il faille les cultiver exclusivement ? Nul ne le pensera. Il faut surtout montrer aux enfants les réalités qu'ils ont besoin de connaître dans la vie, et à cet égard la création de l'enseignement manuel dans les écoles primaires, de l'enseignement commercial dans les établissements secondaires, a rendu de grands services. Il en est de même pour la récente organisation de l'enseignement secondaire moderne, qui, par parenthèse, fait, non peut-être sans raison, à la littérature nationale et aux littératures étrangères contemporaines, une place aussi large qu'aux sciences abstraites ou concrètes. Il faut, à coup sûr, développer ces enseignements nouveaux, mais il ne faut

pas pour cela proscrire l'ancien enseignement classique en raison d'accusations injusti-
fiées.

Le baccalauréat n'est donc entaché de socialisme ni par son caractère officiel, ni par
son programme. Il est vrai cependant qu'il peut mener au socialisme, mais voici comment. Le public a pris l'habitude de considérer qu'il faut être bachelier non seulement
pour accéder aux fonctions publiques, mais pour être un homme distingué en quelque
matière que ce soit. Aussi est-ce devenu le désir de tous les Français de faire de leurs
enfants des bache-liers. Il n'est pas de famille si humble qui ne tienne à ce que le fils de
la maison soit pourvu du diplôme. Les plus pauvres font des sacrifices considérables
pour réaliser cette ambition. Qu'arrive-t-il ? c'est que des jeunes gens, après avoir pé-
niblement franchi l'obstacle, s'aperçoivent le lendemain que leur diplôme ne les mène
à rien. Ils cherchent bien à se faire avocats, médecins, fonctionnaires, mais la concurrence est grande, la plupart des appelés ne sont pas élus, et le reste alors va grossir la
foule des déclassés, dont la faute ou le malheur est d'avoir des désirs — et parfois des
talents — trop disproportionnés à leur situation. Ce sont ceux-là précisément qui vont
devenir les chefs du socialisme : car ils reprochent à l'organisation sociale de leur avoir
donné des aspirations sans les moyens de les satisfaire, d'avoir cultivé leur esprit sans
leur fournir l'occasion de l'exercer dans les emplois qu'ils souhaiteraient. Ils se font les
théoriciens de la révolte, ils excitent les travailleurs manuels, ils mènent le peuple à
l'assaut de la « forteresse capitaliste ». Ce prolétariat intellectuel grossit chaque jour et
c'est lui qui constitue le plus grand danger de nos sociétés, parce qu'il forme le noyau
et l'état-major de l'armée insurrectionnelle. À ce péril, il faut évidemment qu'on trouve
très prochainement un remède ou bien notre état social est des plus gravement mena-
cés. En somme, le danger socialiste du baccalauréat ne vient pas de ce qu'il est aux
mains de l'État, ni de ce qu'il impose l'admiration de Rome, mais de ce qu'il fait, d'un
trop grand nombre de ceux qui y réussissent, non moins que de ceux qui y échouent,
des déclassés.

**M. A. Leroy-Beaulieu** est d'avis que le mal est plus profond et plus général qu'on
ne semble le croire. On a dit que nous tournions au mandarinisme ; mais cela est la
conséquence de notre état social. Chacun dans notre démocratie aspire à tout, se croit
des droits à tout ; les examens servent à éliminer un certain nombre de candidats aux
places. Baccalauréat ou certificat d'études primaire, ce sont des barrières que dans
le *steeple chase* aux emplois, les coureurs doivent sauter successivement. Tant pis pour
ceux qui tombent et se cassent le cou. On peut modifier notre système d'examens ; on
ne peut guère supprimer les examens. Pour éviter le mandarinisme on risquerait de
tomber dans le favoritisme. L'on a l'air de croire que l'instruction donne le droit de
s'asseoir à une place de choix au banquet de la vie, selon une métaphore devenue po-
pulaire qui fausse bien des idées. Le déclassement, produit par une instruction malen-
tendue, est une des grandes causes du socialisme ; et, pour y remédier, il faudrait donner
aux enfants de toutes les classes de la société un enseignement mieux approprié à leur
situation sociale et à leurs conditions d'existence.

**M. Fréderic Passy**, président, ne peut, vu l'heure avancée, songer à résumer une
discussion aussi étendue et aussi complexe que celle qui vient d'avoir lieu. Si le temps
ne faisait point défaut, il essaierait, après ses collègues, de dire pour son compte,
quelques mots sur la question. Et, comme M. Limousin, avec qui il est heureux de se
trouver plus d'accord qu'il ne l'est quelquefois, comme M. Claudius Nourry, qu'il re-
mercie d'avoir pris, à son tour, la défense de Bastiat, il indiquerait pourquoi il a, lui

aussi, depuis longtemps, montré peu de confiance dans la valeur de l'ancien enseignement universitaire et dans l'utilité du baccalauréat.

Il suffirait, à ce qu'il lui semble, des observations présentées en dernier lieu par M. Anatole Leroy-Beaulieu, pour montrer les inconvénients de cette institution. C'est une garantie qui n'en est pas une ; une prétendue preuve d'aptitude et de capacité qui ne prouve ni la capacité, ni l'aptitude et qui, plus souvent qu'on ne le croit, arrête au passage ceux qui les possèdent. On est, dit M. Leroy-Beaulieu, débordé par les sollicitations ; on ne sait comment, en face de la multitude des concurrents, fixer son choix ; et, pour se tirer d'embarras, on place devant eux une série, chaque jour plus nombreuse, de barrières de plus en plus hautes, qu'on les invite à franchir, de façon à écarter automatiquement tous ceux qui restent en route. Le baccalauréat est l'une de ces barrières.

Rien de plus vrai. On sait où l'on en est, à Paris, avec les sept mille postulantes pourvues des diplômes d'institutrice, qui se disputent quelques soixantaines de places. Mais, d'une part, il ne semble pas que la multiplication des obstacles ait beaucoup diminué le nombre des prétentions, et, d'autre part, il semble que cette poursuite acharnée des diplômes entraîne avec elle des dangers et peut-être des injustices de plus d'une sorte.

On croit, par exemple, dit M. Passy, se rendre le choix plus facile et s'assurer plus de garanties, en ajoutant examen à examen. Le brevet supérieur après le brevet simple. Le certificat d'aptitudes pédagogiques, après le brevet supérieur. Ailleurs la licence après le baccalauréat, le doctorat après la licence, et ainsi de suite. C'est fort bien, mais celui ou celle qui est entré dans la carrière, il y a vingt ou vingt-cinq ans, lorsque tel ou tel de ces grades n'était point exigé, ou même n'était point connu, s'il aspire à un avancement légitime, se voit répondre qu'il n'a point les titres nécessaires. Il a l'expérience, l'autorité, les services rendus. Tout cela ne compte point. De plus jeunes ont des parchemins qu'il ne saurait avoir. Ils passeront devant lui. Croit-on que ces parchemins leur aient donné nécessairement les qualités personnelles qui sont aussi nécessaires, plus nécessaires même, que l'entassement de connaissances plus ou moins mécaniques, dont on fait preuve dans les examens ?

Non seulement cela n'est pas certain, mais il est permis de penser que c'est le contraire. Il est permis de se demander si, à cette poursuite acharnée des grades, à cette habitude d'étudier toujours en vue d'un examen déterminé et conformément à un programme, on ne risque pas de perdre la liberté d'esprit et l'originalité personnelle qui sont les vraies conditions de la supériorité. Je ne parle pas, ajoute M. Passy, et j'en pourrais parler, de l'inévitable fatigue de cet entraînement sans fin et de ses conséquences pour la santé comme pour l'intelligence. Un homme qui était pourvu de beaucoup de diplômes, Paul Bert, me disait un jour (il n'a pas été le seul à me le dire, mais je ne veux pas compromettre les vivants) : « Le baccalauréat est la grande plaie de ce pays. Comment voulez-vous trouver de l'initiative chez des hommes qui ont été forcés d'apprendre les mêmes choses et de les apprendre de la même façon ? On les coule dans le même moule. Quand même le moule serait bon, ce qui est discutable, il aurait le tort d'être unique ».

Un autre jour, c'était dans une institution que nous avions contribué, mon confrère Levasseur ici présent et d'autres, à fonder, non sans sacrifices et sans efforts, au collège Sévigné, nous remettions à des jeunes filles qui avaient convenablement travaillé, de modestes certificats, qui n'avaient d'autre valeur que d'être des témoignages de satisfaction. Et notre très savant confrère, M. Bréal, les mettant, après moi, en garde contre l'illusion de se croire investies par la remise de ce certificat de plus de science qu'il n'en supposait, faisait, avec beaucoup d'esprit, la critique de ce que l'on pourrait appeler le fétichisme des grades. On passe un examen, disait-il, puis un autre, puis un troisième ; puis d'autres encore, si l'on en trouve à passer.

Et quand c'est fini, quand il n'y en a plus, on ne sait plus que faire de son temps, ni même que faire de ses connaissances mal digérées, que l'on a entassées, comme de force, les unes par-dessus les autres, dans sa mémoire. C'est l'histoire de ce général, dont le maréchal Bugeaud disait : « Il demande toujours des troupes, toujours des troupes ; et, quand il les a, il ne sait qu'en faire. »

J'ai recueilli même, dit encore M. Passy, un mot plus vif. J'hésiterais à le rappeler, si je ne pouvais le mettre sous la sauvegarde de cet esprit charmant et gracieux entre tous, de ce vrai savant et de cet homme d'un bon sens si sûr, notre ancien collègue et maître, Édouard Laboulaye : « Méfiez-vous, me disait-il un jour, des bêtes à diplôme. »

Hélas ! oui, la bêtise n'empêche pas toujours de conquérir les diplômes, et quelque-fois, plus souvent qu'on ne le croit, la poursuite du diplôme contribue à développer la bêtise.

Son absence, en tout cas, lorsqu'il est exigé impérieusement, comme il l'est trop dans notre pays, peut causer un grand préjudice à ceux qui ne le possèdent pas, et par suite à la société. Georges Stephenson, chez nous, n'aurait jamais pu être ingénieur. Brunel, parce qu'il n'avait pas passé les examens de rigueur, a été contraint de passer la Manche pour montrer ce qu'il était capable de faire. Et, s'il m'était permis de me mettre ici en cause, avec mon voisin, l'auteur de la question, nous ne sommes, M. Léon Say ni moi, docteurs en quoi que ce soit. S'il nous avait convenu, peut-être cela m'aurait-il convenu à certaines époques, de faire un cours d'économie politique dans une Faculté, on nous aurait répondu infailliblement par un *non dignus es intrare*. Cependant nous pou-vons peut-être dire sans vanité qu'il n'y en avait pas beaucoup, parmi ceux à qui l'on ne pouvait opposer la même fin de non recevoir, qui ne fussent plus ou moins nos élèves, et qui ne nous dussent quelque chose ; mais ils avaient le bouton, nous ne l'avions pas.

Ma conclusion, si j'en devais formuler une, c'est que, sans nul doute, ainsi que cela a été dit par plusieurs, il faut des garanties d'aptitude, mais que ces garanties ne sont point celles que donne un examen unique et uniforme placé à l'entrée de la vie, sans égard aux carrières diverses dont il doit ouvrir l'accès. Ce sont des aptitudes spéciales qu'il faut constater, suivant les cas, et la façon de les constater doit varier, elle aussi.

Bastiat n'avait point tort de le penser, et les faits, quoi qu'on en ait pu dire, n'ont pas infirmé la valeur de ses observations.

La séance est levée à minuit moins cinq.

# Dans la bibliothèque
# de Benjamin Constant

Pour un penseur d'envergure, la bibliothèque est à l'image de l'homme. À ce titre, c'est une publication utile que la liste de celle de Benjamin Constant, qui vient d'être dressée pour la série documentaire qui accompagne la grande collection des *Œuvres complètes* publiées chez De Gruyter. Cette liste, reconstituée à partir de quatre catalogues dressés par Constant lui-même à différentes périodes de sa vie, est malheureusement partielle, comme des indications laissées dans sa correspondance, ou certains manques grossiers, le font apparaître. Elle n'en a pas moins une valeur documentaire très forte, qui légitime sa publication et en fera un outil de travail précieux.

*Œuvres complètes de Benjamin Constant*. Série Documents. Volume I : *Catalogue de la bibliothèque de Benjamin Constant*, sous la direction de Kurt Kloocke, éditions De Gruyter, 2020.

Dans l'étude des influences et des sources d'inspirations qui ont pesé sur un auteur, il resterait encore bien des hypothèses et des interrogations lors même qu'on aurait dressé la liste de toutes ses lectures ou établi le réseau précis de ses connaissances. Car posséder un livre ne signifie pas l'avoir lu, moins encore l'avoir employé à telle ou telle fin. Mais lorsqu'un outil comme la liste plus ou moins complète de la bibliothèque personnelle peut être employé, il fournit tout de même quelques enseignements.

C'est le cas de la bibliothèque de Benjamin Constant, dont la liste la plus complète vient d'être dressée pour la série documentaire qui accompagne la grande collection des *Œuvres completes* publiées chez De Gruyter. Cette liste, reconstituée à partir de quatre catalogues dressés par Constant lui-même à différentes périodes de sa vie, est malheureusement partielle, comme des indications laissées dans sa correspondance, ou certains manques grossiers, le font apparaître. Elle n'en a pas moins une valeur documentaire très forte, qui légitime sa publication et en fera un outil de travail précieux.

Est-ce sans conséquence, en effet, qu'on s'aperçoit de la grande domination des questions d'actualité dans cette bibliothèque ? Benjamin Constant fut à la fois un théoricien et un homme politique : mais d'une certaine manière, le poids de l'une et de l'autre de ces deux composantes est déséquilibré parmi les livres et brochures qu'on sait qu'il possédait. Au-delà des innombrables reproductions de discussions à la Chambre des députés, la quantité de textes portant sur les questions économiques et financières en discussion, ou sur les controverses politiques du temps, est assez remarquable. La discussion des impôts, des règlements de douanes, domine en nombre face aux ouvrages de doctrine pure. En économie politique, Constant prend appui sur les contemporains, et particulièrement sur Jean-Baptiste Say, très bien représenté, puisque tous ses ouvrages alors parus se trouvent dans sa bibliothèque. S'y retrouvent encore des ouvrages de Charles Ganilh et la *Richesse des Nations* d'Adam Smith. Parmi les prédécesseurs, on remarque davantage d'éclectisme et des manques certains : pas de David

Ricardo ni de Thomas Malthus pour les Anglais, et pour les Français, une seule petite brochure de Turgot sur les constitutions américaines, aucune des grandes productions des physiocrates, mais quelques titres épars, souvent célèbres en leur temps, comme *l'Ami des hommes* du marquis de Mirabeau ou la *Félicité publique* de Chastellux. À l'évidence, Constant s'attache aux plus contemporains, et encore néglige parfois leurs écrits économiques : ainsi Dupont de Nemours est lu uniquement sur l'éducation ou la philosophie, et Morellet sur la liberté d'écrire. Signe qui ne trompe pas, le nombre des entrées pour Dupont de l'Eure, député, est supérieur à celles pour Dupont de Nemours, physiocrate.

Mais les grands libéraux du siècle trouvent naturellement leur place dans cette bibliothèque, surtout lorsque leurs écrits sont généralistes et touchent également le libéralisme politique, que Constant travaille de préférence : ainsi se trouvent Charles Comte, Charles Dunoyer, leur périodique le *Censeur*, mais aussi Volney, Roederer, et Daunou.

Les sources du libéralisme de Benjamin Constant peuvent aussi se retracer par les manques, quoique non certains : ni Pierre Bayle, dans cette bibliothèque, ni Montaigne, mais une grande collection des œuvres de Voltaire et de Rousseau ; l'*Encyclopédie*, Montesquieu, Chateaubriand, d'Holbach, Helvetius, Raynal, Condillac, Locke, Hume, y trouvent place, mais non Destutt de Tracy.

Sur d'autres thèmes, on remarque encore, sans surprise, la grande quantité d'ouvrages accumulés sur les religions et leur histoire, ce sujet ayant été étudié par Constant pendant plusieurs décennies pour donner la matière à l'une de ses plus ambitieuses publications, quoiqu'aujourd'hui loin d'être la plus célèbre : *De la Religion*.

Je passe, en finissant, sur l'évidence de la présence très importante des ouvrages et brochures de Germaine de Staël ou consacrés à elle, comme celle des publications des proches du groupe de Coppet, comme Sismondi, également bien représenté. Ce qui marque davantage, quoique sans surprendre, c'est la part des ouvrages dans les différentes langues : après le français, très majoritaire, vient l'allemand, et un peu d'anglais et de latin.

Pour un penseur d'envergure, la bibliothèque est à l'image de l'homme : c'est un service, à ce titre, qu'ont rendu les éditeurs des *Œuvres complètes* de Benjamin Constant, en aidant à la compréhension de ce penseur fécond et puissant, à travers cet outil de travail soigneusement préparé.

Benoît Malbranque